La

Marquise de Courcelles

—

Tome 3⸺

Par E. de Mirecourt

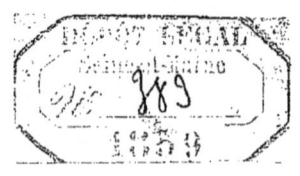

XVIII

Près d'une semaine s'est écoulée. Lavienne a fortement blâmé le cousin de Comminges d'avoir cédé aux scrupules de la jeune fille. Du Boulay, reconnaissant l'impuissance de son argumentation sur l'esprit de sa maîtresse, devait, au sens du valet du chambre, faire usage d'un peu de contrainte : Sidonia l'en eût remercié plus tard.

Mais François n'était plus d'humeur à suivre de semblables conseils.

Ayant toutefois intérêt à ménager Lavienue, il ne le brusquait pas dans cette opinion. Ni le billet au notaire ni celui destiné au directeur de la poste royale n'avaient été rendus.

— Je m'en servirai, disait le jeune homme, quand j'aurai réussi à la convaincre par le raisonnement; mais la violence me répugne.

En attendant, il se trouvait tous les soirs

avec une régularité parfaite dans le voisinage de la salle des officiers de bouche. Comme la premier jour, la fin de la visite de Louis XIV à mademoiselle de Mortemart était le signal du rendez-vous de François et de Sidonia. Il ne s'agissait plus entre eux ni de fuite ni d'enlèvement. Chaque minute qu'ils passaient ensemble était consacrée à ces adorables et futiles causeries, à ces riens précieux, dont les amants seuls ont le secret, qu'ils répètent sans cesse, et qui, le lendemain comme la veille, ont le charme de la nouveauté.

Entre François et Morcerf existait un étrange refroidissement. Ils semblaient éviter l'un et l'autre de se rencontrer et de se voir.

Du Boulay cependant n'oubliait pas la

preuve de sincère et vive affection qu'il avait reçue du vicomte : mais, ayant à garder un secret, dont Lavienne lui rappelait souvent l'importance, il craignait de trahir ce secret, au milieu de l'intimité d'un entretien avec Morcerf. Quant aux raisons que celui-ci pouvait avoir de témoigner de la froideur au cousin du capitaine, elles ressortaient d'une cause toute différente, ou pour mieux dire, du dévouement même avec lequel il avait déjà servi son nouveau camarade.

Au milieu des propos divers échangés dans la salle du guichet de l'Oratoire, où les officiers aux gardes se divertissaient entre eux, pendant l'intervalle des factions, Morcerf entendit un discours, qui sortait, il est vrai, d'une bouche méprisable, mais auquel il prêta forcément l'oreille.

C'était un matin, de très-bonne heure, après une nuit de service.

Relevé de faction, M. le marquis de Courcelles sablait le vin d'Espagne et s'enivrait, selon sa louable coutume, vis-à-vis d'un camarade aussi altéré que lui. Tous deux causaient ensemble avec l'expansion de l'ivresse. Morcerf, passant à côté de là, put saisir le dialogue suivant :

— Ainsi, tu prends la femme avec les six millions ?

— Oui bien, par le diable ! Ils se figuraient

que j'allais appuyer près de Louvois le cousin de Comminges... pas si bête! je suis revenu leur dire qu'on avait sur la petite d'autres intentions, et, tu le devines, j'ai glissé au secrétaire d'État le premier mot de mon affaire. Ça marche, corbleu, ça marche!

Le vicomte ne put en écouter davantage.

En l'apercevant, les ivrognes se mirent à parler plus bas ; mais il en avait entendu suffisamment pour comprendre qu'il se machinait, de ce côté là, quelque ignoble trahison, dont son ami allait être victime.

Afin de déjouer l'intrigue, il fallait la connaître dans toute sa trame.

Morcerf eut le courage de surmonter le dégoût que lui inspirait naturellement un homme du caractère de Courcelles. Il rechercha sa société et lui fit quelques avances adroites ; il accompagna même le marquis dans les bouges odieux où celui-ci allait s'enivrer, quand il n'était pas de service au Louvre, et réussit à capter si bien sa confiance, que l'ivrogne n'eût plus pour lui l'ombre d'un secret.

Voulant jouer son rôle jusqu'au bout, Morcerf eut l'air de négliger François. Malgré l'imprudence et la folle sécurité que le marquis de Courcelles puisait à chaque instant au fond d'une bouteille de Porto, des soupçons auraient pu naître dans son esprit, et le vicomte tenait à tout savoir.

Une fois arrivé à son but, il alla trouver Du Boulay.

— Viens, lui dit-il, nous avons à causer ensemble. Oh! rassure-toi, je ne te demande aucune espèce de confidence, et je vais te mener dans un lieu où tu pourras en entendre de curieuses, ajouta-t-il, en voyant une sorte d'hésitation sur le visage de son ami.

— Mais où veux-tu me conduire?

— Peu t'importe, viens toujours.

Il l'entraîna, le fit sortir du Louvre, tourna l'église Saint-Germain-l'Auxerrois, remonta la rue de l'Arbre-Sec, et l'introduisit, au coin de la rue Saint-Honoré, dans une sorte de cabaret borgne, écrasé sous un auvent noirci et vermoulu.

Dans chacune des salles de cet autre *Trou à vin* (1) on était obligé d'allumer en plein jour une sorte de lampe sépulcrale, dont les exhalaisons méphitiques, se mêlant à la fumée du tabac et à l'odeur âcre des liquides, vous soulevaient le cœur de prime abord.

François recula, suffoqué.

— Voyons, corbleu, dit Morcerf, un peu de courage! il s'agit de tes intérêts les plus chers.

(1) On appelait ainsi un caveau situé derrière le Palais Royal.

— De mes intérêts, ici, dans ce bouge infect.....

— Où je viens moi-même, depuis cinq jours, enivrer le marquis de Courcelles et le faire jaser sur les manœuvres de M. de Louvois.

— Hein ? murmura Du Boulay, que ce nom fit tressaillir.

— Ah! je t'ai prévenu, tu vas en apprendre de belles, et tu es cause que je me suis lié avec un fier chenapan! Mais entre toujours, je n'ai point de regret.

Ce disant, le vicomte attirait François dans

l'intérieur. Il le plaça derrière une porte, dont le rideau rouge mobile et le vitrage brisé en plusieurs endroits permettaient de voir et d'entendre tout ce qui se passait dans une salle voisine, où Morcerf avait donné rendez-vous à Courcelles, et où déjà celui-ci l'attendait, en se versant rasade sur rasade.

— Ah! tu n'as pas voulu partir pour la Flandre, mon pauvre garçon, eh bien, sois tranquille! puisque tu persistes à braver le malheur, tu le trouveras sur ta route, aussi complet que possible! Reste là; pas un mouvement, pas un souffle, et prête l'oreille. Tu vois que la chose est fort simple. A bientôt.

Morcerf le quitta, fit un détour et rentra

par une autre porte dans la salle où se tenait Courcelles.

— Peste! vicomte, c'est la première fois que tu me fais attendre, cria celui-ci en l'apercevant. Allons, approche, ton verre est plein! Je t'ai prévenu que nous boirions du vin de France, et voici du bourgogne d'une chaleur et d'un fumet... Goûte cela, morbleu!

— Merci, je n'ai pas soif, dit Morcerf avec un accent d'humeur.

— Comment, tu refuses aujourd'hui de trinquer avec moi?

— Je refuse.

— Même si je te propose une santé à la belle Sidonia de Lenoncourt?

Ici le rideau rouge s'agita violemment sous une main crispée. Par bonheur, Courcelles tournait le dos à la porte.

— Surtout, répondit le vicomte, si tu me proposes cette santé.

— Pourquoi donc? balbutia l'ivrogne ébahi.

— Parce que j'ai fait de sérieuses réflexions sur tout ce que tu m'as débité au sujet de ton mariage en perspective. Ou tu me trompes, ou M. de Louvois te prend pour dupe.

— Ah! voilà! c'est justement l'idée qui m'était venue aussi d'abord ; je te l'ai dit, ce me semble.

— Tu me l'as dit, tu me l'as dit !... Si tu te figures que tes histoires sont claires, quand tu es ivre...

— Dame! je suis à peu près de sangfroid, ce matin; si tu le veux, je les recommencerai.

— Bah ! fit Morcerf, à quoi bon ?

— Pour dissiper tes doutes, j'y tiens.

— Si tu y tiens, c'est différent.

— Crois-tu que je veuille passer dans ton esprit pour un menteur ou pour un sot?

— Parle, et surtout ne bois plus, dit Morcerf, si ce n'est quand tu auras fini.

— Oh! je ne serai pas long.

— Si, au contraire, entre largement dans tous les détails, et n'abrége pas pour revenir plus vite à la bouteille.

— Hum!... Enfin, soit, je commence. Nos camarades, tu le sais, m'avaient dit de parler à M. de Louvois en faveur de ce petit enseigne au régiment de l'Orléanais qu'on nous a mal à propos fourré dans les gardes. Il rougit comme une jeune fille et ne boit que de l'eau.

— Voilà ce que tu ignores.

— J'en ferais la gageure : teint pâle, grands yeux bleus, — mauvais compagnon ! Tu n'as pas eu tort de te brouiller avec lui.

— C'est bien, continue ton histoire.

— Il s'agissait de recommander ce Du Boulay au secrétaire d'État, pour lui faire épouser six magnifiques millions.

— Et, au lieu de parler pour lui, tu as parlé pour toi?

— Juste! fit Courcelles. M. de Louvois eut l'air d'accueillir l'ouverture. Seulement, comme il avait touché deux mots du chiffre de mes dettes et de mon goût pour le vin, ma foi, je te le déclare, son assentiment me semblait avoir quelque chose de railleur, et je ne songeais plus à cette affaire, quand, il y a trois jours, — tu comprends, il y a trois jours?

— Oui, dit Morcerf, jetant les yeux du côté de la porte vitrée; ton langage est, ce matin, très-intelligible : vois ce que l'on gagne à la tempérance! Il y a trois jours donc M. Louvois t'a fait revenir?

— C'est cela même.

— Il t'a reparlé de ce mariage?

— Comme tu le dis, mon cher, et, cette fois, d'une façon sérieuse.

— Eh bien ! ajouta Morcerf, voilà précisément le point de ton ancien récit où il me semble que tu as manqué de clarté. Le secrétaire d'Etat sait parfaitement que mademoiselle de Lenoncourt est fiancée par le roi au frère de Colbert.

— Sans doute.

— Alors, où est son moyen d'empêcher l'accomplissement de la promesse royale ?

— Je ne te l'ai donc pas expliqué l'autre soir ?

— Non. Ton discours ressemblait à un écheveau de fil embrouillé par la griffe d'un chat.

— Le moyen, dit Courcelles, est d'une habileté rare; tu vas en juger toi-même.

— J'écoute.

— François n'y tint plus dans sa cachette; il entr'ouvrit doucement la porte et avança la tête pour mieux entendre.

— Figure-toi, continua le marquis, s'accoudant sur la table, que l'hôtel de Soissons tout entier va se mettre de la partie. Chacune de ces dames fait bonne mine à Colbert et le trahit en dessous pour le secrétaire d'État. On veut faire Louvois ministre le plus tôt possible. Mais il ne s'agit pas ici d'un portefeuille, il s'agit de mon mariage. Voici un plan, tel qu'il m'a été détaillé par ma mère elle-même, qui, tu le sais, est la tante de M. de Louvois. On a conseillé à mademoiselle de Lenoncourt de feindre une maladie; elle a eu hâte de suivre ce conseil, et la princesse de Carignan réclame sa filleule pour lui donner quelques distractions et la guérir. Requête a été présentée à Louis XIV; on espère que demain la jeune personne sortira de chez les filles d'honneur.

— Demain, pensa Du Boulay frémissant, et je ne la verrai pas ce soir; le roi est à Saint-Cloud.

— Une fois à l'hôtel de Soissons, reprit Courcelles, on va l'entourer d'un réseau d'intrigues dont le diable lui-même ne se dépêtrerait pas. Ménars, frère de madame de Colbert, est furieux du riche parti que le ministre réserve à son propre frère : on excitera Ménars contre Maulevrier, puis on rendra Maulevrier jaloux de Ménars. De ce conflit résulteront nécessairement fatigue et dégoût pour mademoiselle de Lenoncourt et pour le roi. On engagera celle-ci à déclarer nettement son peu de sympathie pour les Colbert, et je triompherai sur le terrain qu'ils abandonneront. Voilà ! j'ai dit.

— Mais, objecta Morcerf, tu me sembles légèrement présomptueux avec cet espoir de triomphe : pourquoi toi plutôt qu'un autre?

— D'abord parce que je suis le parent de Louvois ; six millions donnent de l'importance à une famille. Et puis, entre nous, je soupçonne ce brave secrétaire d'État de ne pas être insensible aux charmes de la jeune personne.

— Quoi ! tu as une idée de cette nature, et cela ne te révolte pas?

— Non ; que veux-tu, mon cher? la fortune avant tout. Six millions! trois cent mille livres de rente! n'est-ce pas un charmant bandeau? Je serais aveugle à moins.

— Misérable ! cria tout à coup une voix furieuse.

Le marquis, se retournant à cette apostrophe, vit accourir Du Boulay, le bras levé, l'œil ardent de colère. Avant qu'il eût été possible à Courcelles de se mettre sur la défensive, il était souffleté sur les deux joues, et de la façon la plus retentissante.

— Enfer !... un tel affront !... tu vas me le payer chèrement ! hurla-t-il en tirant son épée.

Déjà François avait tiré la sienne.

— Viens donc, viens ! cria le jeune homme :

je brûle de châtier tes lâches et infâmes manœuvres ! Si le ciel est juste, tu vas rendre à Satan ton âme maudite. En garde !

Mais le vicomte sauta par-dessus la table et se précipita entre eux.

— Arrêtez ! dit-il, ceci est une affaire qui demande plus de solennité. L'outrage à été trop sanglant pour que vous vidiez ainsi la querelle entre quatre murailles. Des officiers aux gardes ne s'égorgent pas dans une salle borgne ; il leur faut du champ, du soleil et des témoins.

— Soit... votre jour ! dit à Du Boulay le marquis écumant de rage.

— Demain.

— Votre heure ?

— Celle où l'on bat la diane.

— Le lieu de la rencontre ?

— Sous l'hôtel de Nevers, dans les fossés de l'Abbaye.

— Vous m'y trouverez, sang-Dieu !

— J'y compte bien, dit François.

— Et il s'élança hors du bouge.

Courcelles regarda fixement Morcerf ; mais

celui-ci soutint ce regard avec une parfaite assurance.

— Qui diable aurait pu le deviner là? dit-il, montrant la porte, derrière laquelle s'était tenu caché Du Boulay.

— Toi, peut-être.

— C'est une insulte, tu veux un second duel!

— Non; mais donne-moi ta parole que tu n'es pour rien dans ce guet-à-pens.

— Imbécile! fit Morcerf, en haussant les épaules. Au lieu de me soupçonner, tu ferais mieux d'achever ce flacon de bourgogne. Si je l'avais trahis, ce serait évidemment pour servir le cousin de Comminges.

— Sans doute.

— Alors, tu me fais pitié ; je te croyais un jugement plus solide. Lorsqu'on prend intérêt à quelqu'un, l'expose-t-on, je te le demande, à recevoir dix pouces de fer dans la poitrine ? N'es-tu pas avec moi l'un des coryphées de la salle d'arme ?

— Oui, j'ai tort, murmura Courcelles. Buvons.

Ils s'attablèrent de nouveau. Morcerf grisa

complétement le marquis, le laissa sous la table et quitta le cabaret, en se frottant les mains.

— Le butor! pensa-t-il : j'étais sûr qu'il oublierait son service de tantôt. Quinze jours d'arrêt pour le moins, à dater de ce soir : Comminges ne plaisante pas.

Cependant François était sorti dans un état d'égarement facile à comprendre. Il marcha droit devant lui, au hasard, la tête perdue, croyant à chaque minute que son cerveau allait éclater, tant il s'y pressait de pensées amères et de réflexions navrantes. Peut-il révoquer en doute un seul des détails que le vicomte a eu l'adresse de tirer une seconde fois de la bouche de Courcelles, pour la complète instruction de son ami? Les pressentiments combattus par Sidonia se trouvent confirmés de la manière la plus certaine ; si elle met le pied dans cette fatale demeure où l'attendent toutes ces perfidies et toutes ces ruses, elle est perdue pour Du Boulay.

En vain croit-elle trouver dans son amour assez d'nergie pour soutenir la lutte. Circonvenue, obsédée par les intrigantes qui ont juré sa perte, par cet homme sans pudeur, qui arrange froidement, systématiquement ses piéges indignes, elle succombera de guerre lasse, et lui, François, ne pourra ni la soutenir ni la défendre ; le premier soin des ennemis de sa maîtresse et des siens ne sera-t-il pas de les empêcher à tout prix de se concerter et de se voir !

— O mon rêve ! mon rêve ! s'écriait le malheureux jeune homme en se frappant le front avec désespoir : c'est bien cela, tout se réalise. Le ciel m'envoyait un rayon de lumière, et j'ai refusé d'ouvrir les yeux, et j'ai sottement cru à tous les motifs imaginés par elle pour ne pas te ir compte du péril qui nous menace. Oh ! je la verrai ! elle saura tout ; je lui montrerai la profondeur de l'abîme où elle s'engage, — et, si elle ne consent pas à fuir, je me fais sauter le crâne à ses pieds !

Pendant tout le jour, l'atmosphère avait

été brûlante. Un orage venait de se former à l'horizon ; des nuées, que sillonnaient de rapides éclairs, entouraient Paris de leurs ailes sombres ; les éclats de la foudre ébranlaient tous les édifices de la base au couronnement.

François marchait et n'entendait rien.

Bientôt la pluie tomba, comme si de nouvelles cataractes se fussent ouvertes pour un autre déluge. Du Boulay marchait toujours. L'eau du ciel ne parvenait point à rafraîchir son front brûlant. Il répétait à chaque pas :

— Je la verrai, je veux la voir !

En ce moment, il reconnut devant lui la

haute façade du Louvre, que l'éclair illuminait de ses feux sinistres.

— Le roi est à Saint-Cloud, pensa-t-il ; les officiers de bouche l'ont suivi : donc la salle est libre.

Sa résolution fut arrêtée sur-le-champ, résolution folle, absurde; mais que justifiait en quelque sorte le trouble de son esprit et les terreurs auxquelles il était en proie. S'élancer vers le guichet, le franchir, monter à sa chambre, saisir une arme, la cacher sous son manteau et redescendre au lieu de ses rendez-vous nocturnes, tout cela fut l'affaire de quelques minutes. L'obscurité devenait croissante ; la foudre grondait toujours au ciel.

A la lueur fugitive des éclairs, François écarta la bibliothèque, puis entra chez la sous-gouvernante.

Cette première chambre était déserte. Mademoiselle de Vauxdoré, ainsi que toutes les filles d'honneur, effrayées de l'orage, avait cherché un refuge au fond de la pièce qui servait d'oratoire.

Le jeune homme avança toujours et pénétra dans la galerie sur laquelle ouvraient les cellules. Toutes étaient vides. Il pénétra plus loin encore et finit par ouvrir la porte de l'oratoire, où les demoiselles d'honneur et madame de Navailles elle-même essayaient de calmer par la prière l'effroi que leur causait la tempête.

On juge du coup de théâtre produit par cette apparition.

Seulement alors, au cri général que souleva sa présence, François sembla comprendre toute l'étendue de son audace. Il voulut reculer et s'enfuir : mais déjà la duègne s'était élancée vers lui, comme une lionne, et se cramponnait à deux mains aux basques de son pourpoint. Il essaya de se dégager. En ce moment, le pistolet, qu'il tenait sous le bras, tomba lourdement à terre.

— Un homme ici! s'écria la duchesse, un homme armé! Juste ciel! d'où sort-t-il? A moi tout le monde! Courez appeler les Suisses!... au viol!... au meurtre!

Par un suprême effort, Du Boulay réussit à la repousser et à prendre la fuite. Elle le suivit à la course avec une vitesse que semblait lui interdire son âge, et arriva presqu'aussitôt que le fugitif à l'entrée du passage secret.

Du Boulay souleva la tenture; il pouvait se croire sauvé.

Mais tout à coup un cri sourd s'échappa de sa poitrine. Il s'arrêta, glacé d'épouvante; ses genoux chancelèrent; il étendit les bras, comme pour repousser un fantôme et tomba de son haut à la renverse, entièrement privé de connaissance.

Sa fatale étoile avait voulu que l'orage eût

ramené Louis XIV de Saint-Cloud, et c'était le roi lui-même, suivi de son valet de chambre, que François venait de reconnaître à l'entrée de l'ouverture secrète, près de laquelle arrivait en même temps madame de Navailles.

— Ah! cria la duègne d'une voix furibonde, tout s'explique! Voilà donc pourquoi, chaque soir, on quittait les cellules, afin de se réunir dans cette chambre? Ignominie! trahison!

Reconnaissant à son tour Louis XIV, madame de Navailles tressaillit et murmura :

— Vous, sire! vous, dans le voisinage de ce lieu, qu'on peut appeler dorénavant un lieu d'opprobre! Est-ce donc par vos ordres que cet insensé vient de pénétrer, le pistolet à la main, chez les filles de la reine?

Elle montrait François étendu sur le parquet comme un homme foudroyé.

— Le pistolet à la main? balbutia le roi, saisi de stupeur à cette scène imprévue.

Il maudissait intérieurement sa malencontreuse idée d'être revenu de Saint-Cloud, pour surprendre Athénaïs, qui ne l'attendait pas.

— Oui, sire; on peut, si vous en doutez, représenter l'arme...

— Vous devez, duchesse, ou je me trompe fort, donner à tout ceci de fausses interprétations, dit Lavienne, reprenant le premier du sangfroid. Ce jeune homme avait, sans doute, intérêt à voir quelqu'une des filles confiées à votre garde ; il est cause que vous avez découvert ce passage. Mais à quoi bon faire du bruit ? Croyez-moi, retournez sur vos pas, continuez de feindre l'ignorance ; vous avez tout à y gagner, duchesse, et rien à y perdre.

— Le roi, demanda madame de Navailles avec ironie, daignera-t-il me dire s'il approuve ce discours ?

— Enfin, duchesse, murmura Louis XIV, très-pâle, nous sommes seuls ; tout ceci se passe entre nous. Je vous saurais gré de fermer les yeux.

— Vraiment, sire ? eh bien ! voici ma réponse à l'honorable proposition qui m'est faite.

— Prenez garde, 'madame, dit Lavienne, prenez garde ! Vous parlez à votre maître, à notre maître à tous.

— Je le sais, et je dis à ce maître, quelque puissant qu'il soit : Sire, au nom du respect que vous vous devez à vous-même, au nom de la conscience, au nom de Sa Majesté Marie-Thérèse, dont je tiens ici la place, je vous supplie de trouver bon que je fasse, à l'instant et sans plus de retard, murer ce passage ; il donne accès dans un asile sacré, dont vos prédécesseurs, depuis des siècles, se sont interdit l'approche. J'ose espérer, sire, que vous imiterez vos prédécesseurs !

— Faut-il m'emparer de cette folle ? murmura Lavienne à l'oreille du roi : je la bâillonnerai fortement ; on la jettera dans un cul de basse fosse, et le secret ne sera pas trahi.

Louis XIV allait peut-être approuver cette mesure violente, lorsque soudain des pas se firent entendre derrière la duègne. Bientôt, la tenture s'écartant, on vit poindre la hallebarde des Suisses, que les servantes, mises en alarme par les clameurs parties de l'oratoire, avaient appelés au secours des filles d'honneur. Tout était perdu.

— Silence, madame! dit Lavienne à voix basse; j'imagine que vous n'allez pas compromettre le roi.

Cependant, Du Boulay reprenait ses sens et portait autour de lui des regards éperdus.

— Messieurs, dit Louis XIV aux soldats, un audacieux n'a pas craint d'entrer chez les filles de la reine; c'est un acte qui mérite un châtiment exemplaire. Emparez-vous de sa personne, et conduisez-le sur l'heure à la Bastille!

A ces mots le monarque se redressa dignement, jeta sur madame de Navailles un regard plein de menace et sortit.

XIX

Deux Suisses vigoureux se précipitèrent sur François.

En un clin d'œil il fut bâillonné, garotté et porté dans un fiacre, qu'on avait fait venir à l'entrée du Louvre.

Cette voiture attendit là cinq minutes environ, jusqu'à l'arrivée des cinq mousquetaires à cheval, dont l'un portait à la main l'ordre d'écrou ; puis fiacre et mousquetaires, prenant aussitôt leur course, se dirigèrent au galop du côté de la Bastille, par les quais et la rue Saint-Antoine.

Neuf heures sonnaient à l'horloge de la grande tour, quand François entendit grincer la porte de fer et les énormes verroux du cachot qui se refermait sur lui.

Le même soir, le passage secret, conduisant chez les filles d'honneur, fut muré par les ordres de madame de Navailles. Mais, dès le lendemain, le roi prit sa revanche : il enjoignit à cette gardienne inflexible de partir pour l'exil.

Madame de Navailles y resta jusqu'à sa mort; Louis XIV ne lui pardonna jamais.

On conçoit l'émotion dont fut saisie mademoiselle de Lenoncourt au milieu de toutes ces péripéties effrayantes. Elle ne s'expliquait pas la folle démarche de François. La première impression fut une impression de colère ; mais, lorsqu'elle apprit le malheur qui venait de frapper le jeune homme, sa rancune s'évanouit pour faire place à un chagrin d'une violence extrême.

La pauvre pensionnaire pleura toutes ses

larmes et ne voulut accepter aucune consolation; elle refusa même de quitter l'appartement des filles d'honneur, quand Olympe Mancini vint lui apprendre qu'on avait fait droit à la requête de la princesse.

— Non, madame, s'écria-t-elle, non! J'en ai vu suffisamment de la cour : le puissant y écrase le faible, et j'envisage tous les périls auxquels je me trouverais exposée. Mon seul tort est de n'y avoir pas cru plus tôt. C'est assez d'une victime! Je vous prie d'annoncer au roi que ma résolution irrévocable est de retourner à Orléans, chez ma pauvre tante à qui mon ingratitude a causé tant de peine.

Olympe ne trouvait pas son compte à ce

parti violent sur lequel, du reste, elle était trop adroite pour ne pas faire revenir la jeune fille.

— Ainsi, mon enfant, dit-elle, en supposant que le roi consente à vous laisser retourner à l'abbaye de Saint-Loup, ce dont je doute fort, vous allez partir sans faire aucune sollicitation, sans employer vos amis en faveur de ce malheureux prisonnier qui vous inspire un intérêt si tendre.

Mademoiselle de Lenoncourt tressaillit et regarda la comtesse.

— Oh! madame, ne m'abusez pas! On pourrait donc le sauver?

— Sans doute, ma chère petite, sans doute. Eh! mon Dieu! la Bastille est terrible, mais on en sort! Nous sommes prêtes à intervenir dans cette affaire, moi, votre marraine et toutes les personnes influentes admises à mon cercle. Je sais bien que le courroux de Sa Majesté se calmera difficilement. Ce jeune homme est cause des larmes de mademoiselle de Mortemart et peut-être de celles de son royal visiteur, — si tant est que des chagrins d'amour puissent faire pleurer un roi. Mais enfin tout s'arrange en ce bas monde, et les tempêtes s'apaisent. Il est de votre devoir de rester, je vous l'affirme. On s'occupera, vous présente, de briser les chaînes du prisonnier, ma chère; on s'en occupera même avec beaucoup d'ardeur; mais si vous retournez à Orléans, le pauvre garçon court grand risque d'habiter la Bastille jusqu'à la fin de ses jours.

— Ah! miséricorde! je resterai, madame, je resterai, je vous le jure,

— Enfin, mignonne, vous voilà raisonnable. Venez, la princesse brûle de vous ouvrir les bras et de vous faire admirer la réunion brillante qu'elle préside ; on peut dire sans flatterie, ma chère petite, que vous en serez la gloire.

Olympe parvint de la sorte à profiter de la douleur même de Sidonia pour la conduire décidément à ce fatal hôtel de Soissons, où l'innocence la plus candide et la vertu la mieux aguerrie ne pouvaient manquer de faire noufrage.

Tout d'abord chacun eut l'air de prendre le plus vif intérêt à l'infortune du cousin de Comminges.

— Ecrivez au roi, ma jolie filleule, écrivez lui bien vite, disait la princesse.

— Je me charge de lui remettre votre missive, ajoutait Olympe.

— Et moi, je vous promets de l'appuyer chaudement, jusqu'à ce que Sa Majesté se décide à y faire droit, reprenait le secrétaire d'Etat, très-assidu aux assemblées de l'hôtel, depuis qu'on y avait présenté mademoiselle de Lenoncourt.

Sidonia pouvait dont espérer de voir bientôt François quitter la Bastille.

On l'entretint aussi longtemps que possible dans cet espoir trompeur. Puis, un beau jour, les visages s'allongèrent tout à coup ; madame de Carignan, la comtesse et Louvois parurent consternées.

— Qu'y a-t-il donc ? demanda la jeune fille inquiète.

— Ah ! ma pauvre enfant, dit Olympe, ne songez plus à ce malheureux !

— Pourquoi, madame ?

— Il ne vous aimait pas ; votre fortune seule excitait son ambition.

— Par exemple ! c'est un indigne mensonge.

— En tout cas, mademoiselle, dit Louvois, il employait d'étranges procédés pour vous obtenir.

— Mais enfin, parlez, je vous en supplie ! murmura Sidonia palpitante.

— Il pénétrait chez les filles d'honneur, une arme à la main, décidé à vous tuer, ma pauvre enfant, si vous ne consentiez pas à fuir avec lui, s'empressa d'ajouter Olympe. On a la preuve de tout cela. Le roi refuse nettement et déclare que, dans votre intérêt même, il ne peut rendre la liberté à un homme aussi dangereux.

— Qui viendrait ici peut-être vous assassiner, dit madame de Carignan.

— Oui, certes, fit Louvois. Si jamais on a la faiblesse d'ouvrir les portes de son cachot, prenez, je vous le conseille, les mesures les plus rigoureuses pour lui interdire l'entrée de cette maison, madame.

— Je n'y manquerai pas, monseigneur.

— Oh! dit la comtesse, rassurez-vous, le roi continuera d'être inflexible.

Cette odieuse fable, toute de l'invention de ces dames et de Louvois, avait par malheur trop de vraisemblance.

Mademoiselle de Lenoncourt, pâle d'effroi, se rappela qu'effectivement le jeune homme était porteur d'une arme. On avait même ramassé le pistolet devant elle à la porte de l'oratoire, circonstance étrange, à laquelle d'abord elle n'avait pas réfléchi, mais qui recevait par les discours qu'elle venait d'entendre une explication terrible.

— Ainsi, mademoiselle, reprit le secrétaire

d'Etat, la Providence vous a sauvée d'un danger de mort. Si l'orage n'avait pas réuni, ce soir-là, dans un même lieu, toutes les filles d'honneur ; s'il vous eût été possible d'accorder à ce misérable un de vos rendez-vous accoutumés, vous étiez perdue ; car, j'aime à le croire, vous n'auriez pas déshonoré le nom de votre père par une fuite scandaleuse.

— O François ! François ! murmura Sidonia au milieu de sanglots déchirants.

— Ne le regrettez pas, il était indigne de vous, ma filleule, dit la princesse.

— Un méchant officier des gardes, de noblesse médiocre, sans sou ni maille, fit Olympe, que pouviez-vous attendre de lui, ma chère petite? Il se rendait parfaitement justice à lui-même ; il envisageait tous les obstacles, et il a voulu les surmonter d'une façon violente. C'est pourquoi je vous disais tout à l'heure qu'il avait plus d'ambition que d'amour. L'homme honnête, l'homme consciencieux renonce à sa maîtresse, meurt de désespoir, c'est possible, mais ne la déshonore jamais.

Hélas! tous ces discours agissaient fatalement sur l'esprit de la jeune fille!

Sans doute, elle ne réussit pas d'abord à étouffer au fond de son cœur l'amour bien véritable et bien sincère qu'elle avait pour François ; mais elle se livra sans scrupule à toutes les distractions qui devaient tôt ou tard effacer son souvenir.

On lui donnait chaque jour une nouvelle fête.

Le splendide carrosse de madame de Carignan la promenait au cours et sur la place Royale, dans une toilette éblouissante; elle voyait la foule des curieux se presser sur son passage, elle entendait les exclamations que soulevait sa beauté. Son cœur battait d'orgueil, et la coquetterie, dont le germe était au fond de son âme, prenait au milieu de cet enthousiasme universel des racines de plus en plus profondes.

Cependant Maulevrier devait bientôt revenir d'Espagne.

Olympe s'était chargée de faire à la jeune fille le portrait du futur qu'on lui destinait. L'esprit méchant et railleur de la comtesse trouvait là matière à s'exercer.

Toute la famille Colbert fut ensuite passée en revue. On se moqua des prétentions du ministre; on fit comprendre à Sidonia que la richesse de sa dot seule alléchait ces gens avides, et l'occasion était belle pour déplorer perfidement le fâcheux destin de ce pauvre M. de Ménars, qui n'avait pas été choisi pour exploiter cette pêche miraculeuse aux millions.

Traits satiriques, médisances, commentaires, tout se débitait, comme on le pense, derrière le rideau.

Le ministre lui-même, étant venu présenter en personne ses hommages à la jolie fiancée de son frère, fut accueilli le mieux du monde.

Madame de Carignan lui dit tout bas qu'elle mettait en pratique le système dont elle lui avait donné jadis l'explication ; puis elle accabla d'amitiés la femme de Colbert, lui parla de Ménars et l'engagea vivement à l'envoyer aux assemblées de l'hôtel.

Dès le lendemain, celui-ci se présenta tout radieux et se mit à débiter à mademoiselle de

Lenoncourt mille compliments plus fous les uns que les autres.

Ménars était un petit homme grêle, d'une figure assez régulière, mais dont les yeux ronds et pétillants avaient quelque chose de la fouine ou du chat sauvage. Son air évaporé le rendait très-comique. Il sautait en marchant, bredouillait en parlant, renversait en mangeant sur ses voisins et sur lui-même toute la sauce des plats, et ressemblait à une marionnette qu'un fil invisible met sans cesse en action.

Tel était le personnage lancé par Olympe et madame de Carignan dans la lice amoureuse dont la main de Sidonia devait être le prix.

La jeune fille avait le mot d'ordre.

Elle parut accueillir avec assez de faveur les galanteries extravagantes de Ménars. Voilà notre homme aux anges. Il s'agite, il papillonne, il s'exalte de plus en plus la cervelle. Bientôt la mission de Maulevrier se terminera ; son rival ne doit pas tarder à franchir les Pyrénées ; donc, le temps est précieux, il faut brusquer l'aventure et emporter d'assaut le cœur de la divine Sidonia.

Ménars se glisse à l'hôtel un beau matin, fourre une bourse pleine de louis sous le corsage de la Desfontaines, cette égrillarde soubrette que nous avons vue, dans les premiers chapitres de cette histoire, se faire chiffonner si agréablement par messieurs les officiers aux gardes, et lui dit :

— Je t'en promets le double, ma bonne Rosine, le double, entends-tu, si tu trouves moyen de me ménager un tête à tête avec mademoiselle de Lenoncourt.

— Vraiment? dit la femme de chambre. Eh! monsieur, rien de plus simple. C'est aujourd'hui dimanche, elle s'habille pour aller à la messe aux Feuillants. Dans cinq minutes elle traversera l'antichambre afin de gagner l'appartement de sa marraine. Ne bougez pas de cette place; je sors, et le tête à tête aura lieu sans le moindre obstacle.

Ménars, transporté de joie, sauta presque jusqu'au plafond.

Sidonia ne tarda pas effectivement à paraître. Aussitôt l'amoureux de se jeter à ses genoux et de lui débiter, sans reprendre haleine, tous les lieux communs de sa passion. Elle veut fuir; mais il la retient, continue sa harangue, presse, conjure, supplie et parvient à l'épouvanter de telle sorte qu'elle se met à crier au secours. Attirée par ses cris, madame de Carignan paraît et surprend Ménars aux genoux de sa filleule.

Grand scandale. Olympe arrive à son tour.

Ces dames tancent l'audacieux et lui intiment l'ordre exprès de s'abstenir dorénavant de toute visite à l'hôtel.

Mais elles connaissent le personnage ; elles savent qu'il ne bornera pas là ses tentatives, et autorisent en secret la Desfontaines à favoriser toutes les démarches qui pourraient amener de nouveaux esclandres.

Chaque soir, en se couchant, Sidonia trouvait des lettres, tantôt sur sa toilette, tantôt dans ses coiffes, tantôt sous son oreiller même.

Elle n'ouvrit que la première, et renvoya les autres sans les décacheter.

Ménars n'était pas homme à se décourager pour si peu de chose. D'un esprit vif et fertile en expédients, il invente d'autres manœuvres de séduction et s'arrête, dans le nombre, à celle qui lui semble la plus merveilleuse et la plus sûre.

On vient, un jour, dire à la jeune fille :

— Mademoiselle, il y a là des rouliers d'Orléans; ils demandent à vous parler.

Sidonia pousse un cri de joie et se figure qu'on lui apporte des nouvelles de sa tante.

Elle donne l'ordre d'introduire les rouliers.

La Desfontaines fait entrer ces hommes. Ils arrivent avec une casette assez lourde, la déposent sur une table, puis se retirent, déclarant qu'on les a payés de la façon la plus généreuse et qu'ils ne recevront rien.

— Bon! s'écrie la jeune fille, je suis bien sûre que je vais trouver là-dedans des scapulaires, des agnus et des chapelets. Pauvre tante, si elle savait comme on est peu dévot à Paris!

En attendant, elle fait sauter le couvercle de la casette.

O surprise! elle ne voit ni chapelets, ni agnus, ni scapulaires, mais de magnifiques diamants, des bracelets d'émeraudes, des colliers de perles de la plus belle eau, tout ce qui constitue, en un mot, la parure féminine la plus riche et la plus splendide.

— Ah! miséricorde! fit-elle, ma tante s'est ruinée. Jésus! C'est à n'y pas croire. Quelle révolution s'est opérée dans son esprit! Est-ce bien vous, madame l'abbesse, qui m'envoyez ces ornements mondains? Sainte Vierge! vous croyez donc que je vais épouser le roi de France?

Et la coquette enfant de passer les bracelets à son bras, les perles à son cou, et de poser sur sa tête un cercle éblouissant de pierreries.

Courant alors à une glace, elle poussa un cri d'ivresse, se pencha, se redressa, sourit à son image et fit toutes les mines gracieuses d'une femme qui se trouve jolie et qui s'admire.

— O ma tante! ma bonne tante! s'écria-t-elle, revenant à la cassette pour examiner ce qu'elle contenait encore.

Il y avait des rubans précieux, une boîte à mouches en corail, des agrafes d'or pour la ceinture et des pendants d'oreille dignes d'une reine.

Un dernier objet frappa les regards de Sidonia.

Elle le prit, le retourna en tout sens, trouva bientôt un ressort qu'elle fit jouer, regarda, se frotta les yeux; puis, ne pouvant refuser de croire à leur témoignage, elle jeta une exclation de colère. C'était le portrait de Ménars dans un cercle de rubis.

Arracher les diamants de ses cheveux, briser le collier de perles, enlever les bracelets, tout cela fut l'affaire d'une seconde.

Elle courut chez sa marraine, jeta la cassette à ses pieds et s'écria, les yeux baignés de larmes de dépit :

— Voyez, madame, on m'insulte ! On me prend pour une femme qui se laisse éblouir par des cadeaux ! Je suis pourtant sous votre sauvegarde : me débarrasserez-vous enfin de ce vilain singe ?

— Ah ! ah ! pauvre enfant ! dit la princesse

avec un éclat de rire, de quelle expression vous servirez-vous donc, lorsque vous aurez vu Maulevrier? calmez-vous, séchez vos larmes ; nous serons bientôt délivrées de vos persécuteurs.

La Desfontaines, en reportant la cassette à Ménars, lui dit :

— Peu s'en est fallu, je vous jure, que mademoiselle n'acceptât le présent ; mais, vous devez le sentir, c'eût été tout d'un coup et d'une façon trop claire autoriser vos espérances. Ne vous découragez pas, allez toujours !

Le frère de madame Colbert n'avait pas

besoin de cette exhortation pour imaginer de nouvelles folies.

Vers le soir, au milieu de la place Royale, un courrier tout poudreux fit écarter la foule des promeneurs, et s'approcha de la portière du carrosse, où se tenaient Sidonia, la princesse et madame de Soissons.

C'était Ménars lui-même ; personne ne le reconnut sous ce déguisement.

Il remit à la jeune fille une lettre sur l'adresse de laquelle il avait contrefait son écriture, remonta précipitamment à cheval et disparut.

— Encore lui, toujours lui ! s'écria Sidonia, qui venait de décacheter cette lettre, sans défiance.

— Tant mieux, dit Olymphe, la mesure se comble.

— Oui, madame, c'est possible ; mais ma patience se lasse.

Une fois rentrée à l'hôtel, mademoiselle de Lenoncourt chargea Rosine de reporter le message et de certifier qu'on ne l'avait pas lu.

Rosine fit tout le contraire. Elle déchira la lettre pendant le trajet, puis affirma sur l'honneur à l'amoureux que la divinité rigide, à laquelle il prodiguait son encens, venait enfin de laisser paraître quelques signes d'émotion.

— Je l'ai décidée à conserver le poulet, ajouta la femme de chambre; c'est une victoire. A présent voyez ce qu'il vous reste à faire.

— O Rosine, ma bonne Rosine! voici le cas ou jamais de me procurer un second tête à tête.

— Eh! eh! murmura-t-elle, ce n'est pas chose aisée.

— Pourtant, Rosine. il y a cinquante louis

pour toi, — joli denier, ma chère ! Tiens, je te les donne d'avance.

— Attendez un peu, dit la femme de chambre, réfléchissant et faisant sonner l'or dans le creux de sa main... Oui, c'est cela même.

— Quoi donc ? parle.

— Mademoiselle a déclaré qu'elle n'irait pas ce soir à la Comédie-Italienne.

— Ensuite ?

— J'ai mon plan. Rôdez, à la nuit tombante, du côté de la porte des jardins ; le reste me regarde,

Toutes les émotions de la journée avaient effectivement fatigué Sidonia. Lorsque Rosine fut de retour, il y eut entre la femme de chambre et madame de Carignan une conférence secrète, au bout de laquelle la princesse vint dire à sa filleule :

— Soit, mignonne, restez ; nous irons sans vous à la Comédie.

A peine le bruit du carrosse qui emmenait ces dames avait-il cessé de retentir, que La Desfontaines courut à la porte du jardin, fit entrer Ménars et le conduisit par un escalier dérobé dans sa propre chambre.

Là, dressant une table, elle la chargea de

massepains, de confitures et d'oranges ; puis cachant Ménars au fond d'une garderobe :

— Rien de tout cela n'est pour vous, monsieur, dit-elle ; la première qualité d'un amoureux est de n'avoir ni faim ni soif.

— Mais du moins explique-moi...

— Chut! pas un mot, et prenez patience.

Elle descendit.

Mademoiselle de Lenoncourt allait se coucher, quand Rosine entra.

— Vraiment, dit la soubrette, vous avez

tort de vous mettre au lit si tôt ; pour les migraines, c'est connu, mademoiselle, il faut manger avant de dormir.

— Tu crois ? fit Sidonia,

— Je tiens du médecin de M. le prince de Condé.

— Ah ! sonne alors, et fais monter quelque chose.

— Mon Dieu, dit Rosine, voilà qui est désagréable : à l'instant même je viens de passer près de l'office, le maître d'hôtel est sorti pour aller voir Tabarin sur le pont Neuf. Comme les valets sont gourmands et pillards, il emporte toujours sa clef.

— Que veux-tu? répondit la jeune fille ; un petit malheur! Le sommeil viendra peut-être sans la nourriture.

— Oh! pour cela, mademoiselle, n'y comptez point. C'est un oracle que le médecin de M. le prince. Je n'ose pas vous proposer... Cependant... Non, c'est impossible.

— De quoi s'agit-il ? Parle.

— J'ai dans ma chambre une collation toute dressée : mademoiselle ne voudrait pas sans doute me faire l'honneur d'en venir prendre sa part?

— Si vraiment, Rosine; rien ne s'y oppose,

dit Sidonia. Voyons, montre-moi le chemin, je t'accompagne.

Deux minutes après, attablée vis-à-vis de la femme de chambre, elle oubliait sa migraine et mangeait gaiement des massepains et des oranges.

— A propos, mademoiselle, fit tout à coup Rosine, est-ce que vous ne cesserez pas un jour d'être inflexible pour ce pauvre M de Ménars?

— Jamais, par exemple! Pourquoi me dis-tu cela ?

— Dame, je puis vous l'avouer, son chagrin m'a vivement émue : j'ai l'âme très-sensible.

— Tu as tort; le sujet ne mérite pas ta compassion.

— Un homme qui vous envoie des pierreries.

— C'est une impertinence.

— Un seigneur si bon, si généreux, dit Rosine.

— Et si bête! ajouta Sidonia au milieu d'un éclat de rire.

— Chut! un peu moins haut, je vous en conjure, murmura la femme de chambre.

— Ne sommes-nous pas seules? Personne ne nous écoute.

— Si fait ! dit Rosine.

— Ah ! qui donc ? demanda la jeune fille surprise.

— M. de Ménars lui-même.

Sidonia jeta un cri de saisissement.

— Que voulez-vous, mademoiselle ? Il m'a donné cinquante louis pour lui ménager avec vous une nouvelle entrevue. Cinquante louis, c'est une somme, et, ma foi, je l'ai prise ! attendu qu'au bout du compte cela ne vous engage à rien, dit elle en baissant de nouveau la voix.

— Cet homme ici? Je ne veux pas le voir! dit mademoiselle de Lenoncourt.

Éperdue de ce qu'elle venait d'apprendre et ne songeant même pas à gronder Rosine, elle se leva frémissante et courut vers la porte.

— Arrêtez! au nom du ciel, arrêtez! cria Ménars sortant de sa cachette; laissez-moi vous dire combien je vous aime! vos rigueurs me désespèrent, vos mépris causeront ma mort!

Mais Sidonia ne l'écoutait pas. Presque folle de terreur et voyant que Ménars allait la saisir, elle s'élança dans un couloir sombre, où, dès les premiers pas qu'elle fit, elle se heurta violemment la tête contre l'angle d'un mur.

Elle poussa un cri terrible et tomba baignée dans son sang.

Tout l'hôtel est bientôt en rumeur, les domestiques accourent.

Olympe et la princesse, revenues tout exprès pour assister à une scène préparée, trouvent un résultat beaucoup plus tragique et plus saisissant qu'elles n'avaient lieu de s'y attendre. On chasse Ménars avec ignominie, et l'on emporte mademoiselle de Lenoncourt privée de connaissance.

Des chirurgiens sont appelés ; on a soin de courir surtout chez celui du roi. La blessure n'est pas dangereuse ; mais le scandale a été aussi complet que possible.

Toute la cour s'entretenait, le lendemain, de l'aventure. En passant de bouche en bouche, les détails grossissaient, et le récit prenait une importance assez grave pour que les ennemis de la famille Colbert criassent tout haut qu'il fallait suivre criminellement. Le roi se fit raconter l'anecdote et blâma les entreprises de Ménars. Bref, les dames de l'hôtel de Soissons voyaient le succès le plus éclatant couronner leurs intrigues.

Sidonia garda le lit deux jours et reçut trois cents visites.

Jamais concert d'imprécations n'avait été plus unanime. On disait pis que pendre du ministre, revenu de son voyage diplomatique, et sur lequel on se plaisait à faire retomber tous les torts.

— Voyez-vous ce parvenu? criaient les uns ; il joue au désintéressement ; il ne demande rien pour lui, mais il s'efforce de faire entrer des millions dans sa famille.

— Des millions, au fils d'un marchand de drap! reprenaient les autres.

— L'enseigne de son père est encore étalée sur une boutique de Reims.

— Vil intrigant !

— Plat ambitieux !

— Il se prétend issu d'une ancienne famille d'Ecosse, mensonge!

— Allez donc chercher les preuves de sa noblesse dans les brouillards du Nord!

Au milieu de ces clameurs, et comme l'anecdote courait tous les cercles, Maulevrier arriva d'Espagne.

L'heure n'était certes pas opportune pour mettre en avant ses prétentions. Néanmoins Colbert, à qui Louis XIV n'avait fait aucun reproche direct, ne crut pas devoir céder à la malveillance de ses ennemis. Se fiant toujours à la promesse du maître, il résolut de faire sans plus de retard la demande en mariage, et conduisit Maulevrier à l'hôtel de Soissons, où, du reste, ils étaient attendus.

Jouant la comédie jusqu'au bout, ces dames firent un accueil très-aimable au ministre et à son frère.

A les entendre, l'équipée de Ménars était un enfantillage, une plaisanterie de collégien. Ceux qui en jugeaint autrement n'avaient ni sens ni logique. Ravi de les voir prendre la chose avec un calme si merveilleux, Colbert parla du mariage, et tout aussitôt la princesse se leva pour aller chercher sa filleule.

Elles reparurent ensemble.

— Mademoiselle, dit le ministre, en saluant avec beaucoup de galanterie la riche héritière, j'ai l'honneur de vous présenter monsieur de Maulevrier, qui, vous ne l'ignorez pas, me touche de fort près par les liens du sang.

La jeune fille leva les yeux vers celui qu'on projetait de lui donner pour époux, et retint difficilement une exclamation d'horreur.

Jamais visage plus incorrect, jamais physionomie plus repoussante n'avait frappé ses regards. Marqué de la petite vérole, presque borgne de l'œil droit, n'ayant ni cheveux sur la nuque, ni dents à la machoire, le frère du ministre était sans contredit le type le plus accompli de la laideur. Le soleil d'Espagne, en noircissant sa peau outre mesure, venait d'ajouter encore un agrément négatif de plus à tous ceux qu'il possédait déjà.

— Vous connaissez les intentions du roi, mademoiselle? ajouta Colbert avec le plus aimable sourire.

— Oui, monseigneur, répondit résolument Sidonia ; mais ces intentions, je dois vous l'avouer, sont loin d'être conformes aux miennes.

— Est-ce donc là ce que vous m'aviez promis? demanda le ministre, très-pâle, en se tournant vers la princesse.

— Bah! fit-elle, ne vous inquiétez pas monseigneur : c'est l'effet inévitable d'une première vue.

— Nous la sermonnerons, dit hypocritement Olympe.

— Il n'y a pas de sermon qui tienne! s'écria la jeune fille, que l'aspect du futur rendait intrépide. Comment, j'ai repussé M. de Ménars avec perte, et vous venez m'offrir... Ah! je suis trop polie pour exprimer hautement ma façon de penser. Non, mille fois non, voilà mon dernier mot. Je suis votre servante!

Saluant le ministre et son frère, elle disparut.

Ceux-ci regagnèrent leur carrosse dans un état d'exaspération impossible à peindre.

Ils coururent chez le roi.

Maulevrier resta très-inquiet à la porte, où le bruit d'un dialogue très-vif arriva bientôt à son oreille.

Louis XIV criait avec humeur ;

— Eh ! monsieur, je n'y puis, en vérité, rien ! Tout le mal résulte d'une négligence dont vous êtes seul coupable : il fallait mieux surveiller les vôtres. Ce n'est pas ma faute si vous avez un frère si laid et un beau-frère si libertin. Arrangez-vous! Je ne contraindrai pas cette jeune fille.

Cela dit, le roi tourna le dos au ministre et s'en alla.

XX

Le soir même, tout Paris connut l'échec essuyé par les Colbert.

Ménars et Maulevrier, furieux des affronts qu'ils avaient reçus, mirent en commun leurs rancunes et jurèrent de s'appuyer l'un l'autre, quand ils trouveraient une occasion de vengeance.

Il y eut à l'hôtel de Soissons, où l'hypocrisie et la contrainte devenaient désormais inutiles, un éclat de joie tumultueux, auquel une seule personne refusait de prendre part.

C'était Sidonia.

Pourtant elle avait à se féliciter la première et avant tous d'un succès qui, pour l'avenir, lui garantissait la liberté de sa main et de son cœur ; mais aussi, disons-le, ce succès même, si facilement obtenu, lui rappelait combien avait été mal inspiré l'infortuné jeune homme que la Bastille gardait impitoyablement dans ses murs.

— Hélas ! pensait Sidonia, nous serions heureux maintenant ! pourquoi n'a-t-il pas voulu me croire, quel démon l'a conduit à sa perte ?

Et ses larmes coulaient avec amertume.

On devina facilement la cause de sa douleur. Tous ceux qui l'entouraient s'appliquèrent si bien à combattre ses souvenirs ; on lui prodigua tant de cajoleries, on fit appel à tant de séductions, que l'image de Du Boulay s'effaça peu à peu pour disparaître ensuite. Le jour vint où Sidiona, faisant un retour sur elle-même, dans l'intervalle de ses joies et de ses plaisirs, ne retrouva plus au fond de son âme ce culte saint que, malgré les torts apparents de François, elle rendait encore à son premier amour.

Seulement alors la victoire des reines de l'hôtel de Soissons fut complète.

Mademoiselle de Lenoncourt lâcha la bride aux instints de coquetterie qu'elle puisait dans sa nature, et contre lesquels dorénavant elle n'eut plus de palladium. Elle apprit les ruses de la paupière, les finesses du sourire ; elle écouta tous les compliments, accueillit tous les hommages, reçut toutes les adorations, et se laissa bientôt dire qu'elle devait songer à prendre un époux de son choix, afin d'être émancipée par l'hymen et de pouvoir disposer en liberté de son immense patrimoine.

Cependant M. de Louvois venait de recevoir des mains de Louis XIV le portefeuille de la guerre.

Le lendemain de son élévation à la dignité de ministre, il appela Courcelles.

— Ainsi, monsieur, lui dit-il, tout entre nous est bien convenu. Je vais m'occuper de votre mariage et de votre avenir comme fortune; mais à la cour, vous le savez, la richesse n'est rien sans la gloire, et je n'entends pas que le service du roi souffre de la protection que je vous accorde. Le lendemain de vos noces, vous recevrez le brevet de colonel avec un régiment, et vous partirez pour la Flandre.

— Oui, monseigneur.

— Quant à demander la main de mademoiselle de Lenoncourt, je ne puis m'en charger, par la raison que je ne suis pas votre parent le plus proche. Ceci regarde monsieur de Villeroi.

— Mais, objecta Courcelles, je suis très-mal avec mon oncle.

— C'est un tort ; il faut aller lui faire vos soumissions aujourd'hui-même.

— J'irai, monseigneur.

— Allez donc, et prenez soin de me tenir au courant de tout.

M. de Louvois le congédia par un geste très-sec. Il ne prenait pas la peine, comme on a déjà pu le voir, de dissimuler son mépris pour ce caractère entièrement dépourvu de délicatesse, pour cet être sans vergogne, perdu de dettes et de débauches, et qui savait fort bien à quel prix déshonorant il allait relever l'édifice en ruines de sa fortune.

Un autre personnage, destiné à jouer bientôt un rôle important dans cette histoire, se gênait moins encore pour témoigner à Courcelles le profond dégoût que lui inspiraient sa conduite et ses mœurs. Nous voulons parler de M. de Villeroi, de ce même homme, auquel tous les mémoires du temps accordent d'unanimes éloges ; de M. de Villeroi qu'ils présentent comme le modèle le plus accompli d'urbanité, de savoir-vivre et de grâces aimables ; de M. de Villeroi, le phénix de la cour, l'idole des salons, le cavalier par excellence, et que, dans toutes les lettres, madame de Coulanges (1) désigne sous le nom de *charmant*.

Elevé avec Louis XIV, il en était resté l'ami, et le roi venait de le nommer duc, à l'occasion de son mariage avec l'une des plus riches héritières du Béarn.

(1) Fille de madame de Sévigné.

Villeroi comptait trente ans à peine ; il était dans la force de l'âge. Son œil vif, pénétrant, son sourire à la fois plein de douceur et de fierté, sa taille majestueuse, sa mise d'une élégance parfaite, son esprit fin, délicat, d'une distinction rare, tout montrait qu'il avait été favorisé des plus riches dons la nature, tout se réunissait pour lui gagner les cœurs.

Les femmes l'adoraient, les hommes le voulaient pour ami.

De tous côtés on ne jurait que par M. de Villeroi. Sans lui point de fêtes possibles. Il réglait l'étiquette des salons, décidait en souverain les lois du goût, faisait la mode et rendait seul, en ce qui concernait les belles manières, des oracles toujours respectés

On le comprendra sans peine après ce que nous venons de dire : M. le marquis de Courcelles, ivrogne émérite, pilier de mauvais lieu, coureur de ruelles, de cabarets et de brelans, devait être placé fort bas dans l'estime de son oncle.

— A quel mauvais génie, monsieur, dois-je l'honneur de votre visite? demanda Villeroi, le voyant pénétrer un matin dans sa chambre : si j'ai bon souvenir, je vous avais défendu de paraître jamais en ma présence.

— C'est vrai, balbutia Courcelles. Aussi ne suis-je venu que pour un motif sérieux.

— Oh! oh! vous avez besoin de moi?

— Oui, monsieur.

— Je m'en doutais.

— Vous êtes mon oncle, reprit Courcelles, et, de plus, mon parrain.

— D'accord, je ne disconviens pas que j'ai ce malheur ; pourquoi me le rappeler ?

— Parce qu'il est dans la vie certaines circonstances, où, seul, vous pouvez me tenir lieu de père.

— Sans doute ; mais à quelles circonstances faites-vous allusion ?

— A un mariage que je suis sur le point de contracter.

— Un mariage! s'écria Villeroi confondu.

— Oui, mon oncle.

— Miséricorde! où peut être la malheureuse, assez abandonnée de Dieu et des hommes...

— De grâce, interrompit Courcelles, qui avait eu soin de rester à jeun pour faire cette visite, dont il comprenait l'importance, veuillez ne plus m'interrompre, et daignez vous dépouiller un peu de vos préventions contre moi.

— Préventions est bien trouvé.

— Voyons, mon oncle, de l'indulgence ; chacun, ici-bas, n'a-t-il pas ses faiblesses ?

— Encore un mot divinement choisi. Des faiblesses, monsieur, oui, je l'accorde, et j'ai eu les miennes comme tout autre ; mais des vices ?

— On s'en corrige, dit Courcelles.

— Êtes vous corrigé des vôtres ?

— Oui, mon oncle.

— Mensonge, monsieur ! le mois dernier vous avez eu quinze jours d'arrêt, parce qu'à l'heure du service on vous a trouvé ivre-mort dans un lieu honteux, où d'honnêtes gentilshommes ne se font jamais voir.

— Je l'avoue ; mais il y a de cela six semaines, et je vous jure que depuis...

— Assez ! dit Villeroi ; parlons, s'il vous plaît, de la question qui me procure le désagrément de cet entretien : vous allez vous marier ; le nom de votre future ?

— Sidonia de Lenoncourt.

— A-t-elle sa famille à Paris? demanda le duc.

Récemment arrivé du Béarn, il ne connaissait aucune nouvelle.

— Non, mon oncle, elle est orpheline. Madame la princesse de Carignan, sa marraine, l'a recueillie à l'hôtel de Soissons. C'est là que je vous supplie de vouloir bien accompagner ma mère et demander pour moi mademoiselle de Lenoncourt en mariage.

Villeroi fronça le sourcil.

Outre la répugnance qu'il éprouvait à revoir la plus dangereuse des sirènes de l'hôtel, il se demandait, à part lui, si réellement l'honnêteté permettait une semblable démarche en faveur d'un personnage aussi discrédité que son neveu, et aussi digne de l'être.

Courcelles devina la cause de cette irrésolution ; il se hâta d'ajouter :

— Vous n'aurez à donner, mon oncle, aucun renseignement sur ma personne : monsieur de Louvois s'en charge.

— Monsieur de Louvois !

— Oui, mon oncle ; ceci vous prouve que d'autres ont confiance dans la ferme résolution que j'ai prise de m'amender.

— Dieu veuille, dit Villeroi, que vous ne trompiez pas le ministre ! Cela suffit ; je vais m'habiller sur-le-champ pour me rendre à l'hôtel de Soissons.

Courcelles se hâta d'aller prévenir Louvois, et ce dernier fit annoncer la visite à la marraine de Sidonia.

Justement c'était l'heure du cercle. On para la jeune fille de ses plus beaux atours, et, sans lui rien annoncer de ce qui se préparait, on attendit Villeroi. Le duc ne tarda pas à paraître.

Aussitôt qu'il mettait le pied dans un salon, sa présence causait un émoi général ; chacun s'empressait autour de lui ; on briguait l'honneur de lui adresser la première parole, et de toutes les dames présentes, c'était à qui, par une manœuvre d'éventail, par un regard, par un sourire, arriverait à exciter son attention et à l'amener à s'asseoir auprès d'elle.

Toutefois, elles perdirent, ce soir-là, leurs agaceries et leurs œillades.

Madame de Carignan courut à la rencontre de Villeroi et passa son bras sous le bras du duc.

— Soyez le bienvenu, dit-elle, monsieur le déserteur! Il a fallu, pour vous ramener à nous, que l'intérêt de votre famille fût en cause. Ah! vous aurez beaucoup de peine à vous justifier auprès d'Olympe.

— Vous croyez? madame.

— Je plaisante : n'êtes-vous pas l'homme auquel on pardonne tout?

— C'est trop de gracieuseté, princesse.

— Nous savons, reprit madame de Carignan, ce qui nous procure aujourd'hui l'honneur de vous recevoir.

— En effet, je viens remplir une mission très-délicate. Mon neveu s'est flatté d'avoir auprès de vous l'appui de M. de Louvois.

— Rien n'est plus vrai. Le ministre se porte garant pour le jeune marquis de Courcelles, dont il est cousin germain, vous ne l'ignorez pas. Seulement, en votre qualité d'oncle, c'était à vous de faire la demande.

— Avec la douairière de Courcelles, oui, madame ; je l'attends pour remplir toutes les formalités requises en pareil cas.

— Ne voulez-vous pas, monsieur le duc, présenter vos hommages à la future?

— Très-volontiers, comment donc! répondit Villeroi, persuadé qu'il s'agissait de quelque fille rougeaude et mal venue, dont on avait hâte de se débarrasser en faveur de monsieur son neveu.

La princesse l'introduisit dans un charmant boudoir, attenant au salon, et où mademoiselle de Lenoncourt venait d'achever sa toilette.

A l'aspect de cette merveilleuse enfant, Villeroi retint avec peine une exclamation de surprise et crut être le jouet d'un rêve.

— Je vous présente ma filleule! dit la princesse avec solennité.

Puis, se penchant à l'oreille du duc :

— Vous seriez fort aimable, ajouta-t-elle, de lui glisser quelques mots de l'affaire. Je connais le tact et l'habileté qui vous caractérisent. A tout à l'heure. Je vous amènerai la douairière de Courcelles, quand elle arrivera.

Madame de Carignan sortit, laissant Villeroi et la jeune fille en tête-à-tête.

Pour la première fois, le duc éprouva devant une femme cet embarras et cette émotion dont l'homme le mieux aguerri ne peut, en certains cas, se défendre : sorte de magnétisme irrésistible, qui absorbe à la fois l'âme et les sens, éteint le libre arbitre, et doit toujours être considéré comme l'avant-coureur d'une passion sérieuse.

Il se demanda si le monde était bouleversé à ce point, qu'une personne aussi adorable pût appartenir à un garnement de l'espèce de Courcelles.

De son côté Sidonia n'était pas moins émue.

On ne l'avait avertie en rien sans doute ; mais sa marraine venait de parler bas à l'oreille de Villeroi, mais on la laissait seule avec lui ; mais, depuis quinze jours et plus, elle s'entendait répéter matin et soir :

— « Il faut vous marier, mon enfant; vous marier au plus vite! ayez en nous assez de confiance pour nous permettre de vous présenter l'homme qui vous conviendra sous tous les rapports. »

Mademoiselle de Lenoncourt avait fini par répondre :

— « Soit, j'y consens ; présentez-le moi. »

Donc, après avoir jeté sur le duc un regard timide, mais qui lui suffit pour reconnaître tout d'abord qu'elle avait devant elle un seigneur de manières élégantes et d'une distinction rare, Sidonia sentit son cœur battre avec violence.

Est-ce donc là le mari que sa marraine lui destine ? tout porte à le croire.

La jeune fille devint pâle, et le duc la vit chanceler.

— Grand Dieu ! s'écria-t-il, en se précipitant pour la soutenir, qu'avez-vous, mademoiselle ? êtes-vous indisposée, désirez-vous du secours ?

— Non, monsieur, non ; j'ai eu comme le vertige. Mais ce malaise finira par se dissiper, n'appelez personne.

Elle a failli s'évanouir, pensa Villeroi : sans nul doute elle pressent l'entretien que nous allons avoir ; je ne serais pas surpris qu'on usât de contrainte.

Après avoir conduit la jeune fille à un fauteuil, il approcha lui-même un pliant et s'assit à droite de Sidonia.

— Oserai-je vous prier, mademoiselle, commença le duc, de vouloir bien répondre avec franchisse aux questions que j'aurai l'honneur de vous adresser ?

— Je vous le promets, monsieur.

— Le mariage dont on s'occupe a-t-il votre approbation ?

— Ah ! dit avec vivacité mademoiselle de Lenoncourt, il s'agit de mariage ?

Sa pâleur fit place à un incarnat très-vif, dont ses belles joues se colorèrent.

— Oui, dit le duc ; l'ignoriez-vous ?

— Ma marraine m'a fait, j'en conviens, quelques ouvertures à cet égard.

— Et votre prétendu, vous le connaissez sans doute.

— Non... c'est-à-dire... mais il est possible que vous soyez chargé de me le faire connaître, dit-elle, en attachant sur Villeroi ses grands yeux, où la curiosité se mêlait à une vague inquiétude.

— Non, mademoiselle, répondit le duc, d'autres prendront ce soin.

— Je ne me trompais pas, c'est lui, pensa la jeune fille.

— Toute ma mission, reprit Villeroi, consiste à faire à la princesse la demande de votre main, puis à me retirer.

— A vous retirer, monsieur !

— Pardon, je m'explique... jusqu'au jour du mariage.

— A la bonne heure, se dit Sidonia.

— J'aurai même le droit, après la célébration, de vous rendre, comme parent, d'assez fréquentes visites.

— Comme parent! que voulez-vous dire? s'écria mademoiselle Lenoncourt.

Elle se leva de son fauteuil et regarda Villeroi.

Ce regard fut toute une révélation. Le duc y lut tant de surprise et de saisissement, qu'il comprit aussitôt l'erreur de la jeune fille et tressaillit jusqu'au fond de l'âme.

— Qui êtes-vous, monsieur, demanda Sidonia palpitante, — car enfin j'ignore votre nom?

Je suis le duc de Villeroi. Ah? mademoiselle, si je vous eusse connue plus tôt! mais je dois me taire sur ce que j'éprouve. Je suis marié. La demande, dont j'avais l'honneur de vous entretenir, sera faite au nom de mon neveu, le marquis de Courcelles, dont la mère va tout à l'heure se joindre à moi pour vous obtenir de madame de Carignan.

Sidonia retomba sur son siége et se cacha le visage entre ses mains.

Il y eut un silence de quelques minutes, silence dangereux, en ce qu'il donnait cours à des reflexions, dont ni Villeroi ni la jeune fille n'étaient maîtres de se défendre. Le cœur a ses sophismes comme l'esprit. Seulement ils sont plus à craindre, car presque toujours ils étouffent la voix de la conscience.

En prenant le chemin de l'hôtel de Soissons, le duc accomplissait un devoir pénible. Ce n'était pas à lui de décrier son neveu, ni de soulever des obstacles à un hymen qui allait rendre à Courcelles une position de fortune et peut-être aussi le respect de lui-même. D'autre part, sacrifier une jeune fille à ce repentir douteux que le marquis témoignait de ses torts semblait à Villeroi une chose condamnable.

La seconde considération l'emporta dans son esprit.

Il résolut de faire la demande avec une froideur propre à éveiller les soupçons afin de mettre qui de droit sur ses gardes et de n'avoir à se reprocher le malheur de personne.

C'était là, sans contredit, la résolution la plus consciencieuse.

Mais, quand le duc fut en présence de Sidonia, le sophisme prit le dessus. Courcelles peut fort bien ne pas être gâté sans rémission; des vauriens plus conditionnés que lui sont venus à résipiscence. N'est-il pas, après tout, d'une excellente noblesse; pourquoi lui enlever l'espoir d'épouser une femme charmante, pourquoi se priver lui-même d'une nièce accomplie ?

De son côté mademoiselle de Lenoncourt,

avec plus de candeur peut-être, mais avec autant de péril, se faisait des raisonnements analogues.

Elle avait entendu parler de M. le duc de Villeroi comme du seigneur le plus honnête et le plus distingué de la cour. S'il vient d'y avoir entre eux un quiproquo regrettable, tout l'embarras en a été pour elle. Mais un homme de ce caractère ne lui présentera certainement qu'un époux digne d'estime : elle peut en toute sécurité le recevoir de sa main.

L'un et l'autre, comme on le voit, se dissimulaient la naissance d'une passion, qui, longtemps contenue par leurs scrupules, devait éclater dans l'avenir avec plus de fougue.

Sidonia laissa retomber ses mains. Le calme était rétabli sur son visage. Elle dit à Villeroi avec un sourire :

— Daignez, monsieur le duc, excuser une méprise, que je n'essaierai pas de nier, puisque vous vous en êtes aperçu.

— Ah! mademoiselle, cette méprise a pour moi quelque chose de si doux, de si flatteur...

— Vous êtes trop poli pour dire le contraire. Mais, si vous n'êtes pas venu vous proposer vous-même, du moins m'offrez-vous un des vôtres, et je l'accepte, persuadée qu'il est comme vous homme d'honneur et galant chevalier.

Le duc ne put s'empêcher de tressaillir.

Sa figure se contracta ; mais, pactisant presque aussitôt avec ses remords, il dit à la jeune fille :

— Mon neveu n'a pas toujours eu, Mademoiselle une conduite irréprochable. Comme beaucoup de militaires de sa condition et de son âge, il a donné dans quelques écarts ; mais ces folies de jeunesse, dit-on, garantissent l'avenir. En tous cas, je vous jure de le garder sous le joug de mon autorité d'oncle et d'assurer à tout prix votre bonheur.

— Je prends acte du serment, monsieur le duc, et j'ai pleine confiance.

— Vous aurez en moi l'ami le plus dévoué, le plus constant, le plus sincère.

— Oui, n'est-ce pas? dit-elle, en lui tendant sa main fine et rose, que Villeroi porta chaleureusement à ses lèvres. En retour, monsieur le duc, je vous promets d'être pour vous la nièce la plus affectueuse et la plus tendre.

Madame de Carignan rentrait avec la douairière de Courcelles.

La demande en mariage fut solennellement formulée. On résolut d'écrire pour la forme à l'abbesse de Saint-Loup. Un exprès partit pour Orléans; il rapporta le surlendemain, de bonne heure, la réponse de Marie de Lenoncourt.

En décachetant la lettre de sa tante, Sidonia ne put se défendre d'une vive émotion.

La digne abbesse écrivait :

« Si jeune, hélas! et déjà t'engager, ma pauvre enfant, dans les liens du mariage ! Mes larmes coulent, j'ai l'âme navrée. O ma fille, ma fille chérie, prends bien garde ! n'expose pas imprudemment tout le reste de ton existence. Il me semble que ton cœur avait rêvé un autre époux ; cette affection si vive a-t-elle donc eu le sort de celle que tu devais conserver à ta malheureuse tante ? Ah ! Sidonia, le ciel punit les âmes ingrates ! Je te le répète, ma fille, prends garde : le monde est une mer orageuse, féconde en naufrages. Ta destinée m'épouvante; je tremble que tu ne reçoives de pernicieux conseils. Une voix intérieure me crie que tu vas te perdre. O mon Dieu ne l'abandonnez pas ! Laissez autour d'elle son ange gardien pour la défendre... Pauvre, pauvre enfant! Ils ont eu l'indignité de t'arracher à ma surveillance; je ne puis que prier pour toi. Si je refusais mon consentement à cet hymen, on ne manquerait pas de passer outre : donc vaut mieux que je le donne. Puisse-tu, ma fille, être heureuse ! c'est le plus vif désir de mon cœur; mais si ta barque, triste pilote sans expérience, est un jour battue par la tempête; si tu la vois à la veille de se briser contre l'écueil, ô ma fille, reviens au port! N'oublie pas que la sainte retraite où s'est écoulée si paisiblement ton enfance, sera toujours ouverte pour toi.

« Marie de Lenoncourt. »

Il fut impossible à Sidonia d'achever cette lettre sans éclater en sanglots.

Mais sa marraine était là, mais Olympe, penchée sur l'épaule de la jeune fille, venait de lire en même temps qu'elle.

Devant leurs plaisanteries, elle eut honte de ses larmes.

Puis entra M. de Villeroi, suivi de Courcelles définitivement réintégré dans les bonnes grâces de son oncle, de Courcelles accepté comme prétendu par tout l'hôtel de Soissons, de Courcelles qui ne buvait plus depuis trois jours, et qui faisait apporter derrière lui par deux laquais la plus triomphante de toutes les corbeilles de noces.

Louvois lui avait prêté cinquante mille écus pour acheter les diamants et les parures dont elle était pleine.

Ce malheureux Ménars avec sa cassette rentrait sous terre.

A propos de M. de Louvois, il pensait jouer

un jeu très-fin. Ne voulant éveiller aucun doute, il mettait tout le monde en avant et demeurait lui-même en arrière, trop convaincu, du reste, de son propre mérite et comptant trop sur l'éclat de sa nouvelle dignité, pour croire qu'on pût accueillir, un jour, d'autres espérances que les siennes.

M. de Louvois devait être victime de son excès d'amour-propre et demeurer, comme un sot, au fond de son propre piège.

Un chatoiement de rubis sèche à coup sûr les larmes d'une femme. Bientôt la nièce de Marie de Lenoncourt ne songea plus à ce qu'Olympe appelait des jérémiades de nonne. On fixa le jour où Sidonia prendrait le nom de

Marquise de Courcelles, et Louis XIV voulut signer au contrat de sa filleule.

Restait la célébration du mariage à l'église.

L'heure solennelle approchait; les époux allaient recevoir la bénédiction du prêtre. Mademoiselle de Lenoncourt, blanche comme un cygne sous sa blanche parure, s'admirait dans une glace de Venise, pendant que ses femmes donnaient la dernière main à sa toilette. Rosine, la camériste par excellence, achevait de fixer un magnifique voile de point d'Angleterre sur les cheveux de la jolie fiancée.

Tout à coup le bruit d'une querelle retentit à la porte de la chambre.

— Qu'est-ce donc ? voyez ce qu'il y a, dit la jeune fille sans trop s'émouvoir.

Mais, avant que les femmes eussent pu obéir, la porte s'ouvrit avec violence. Un homme parut et rejeta dans l'antichambre deux grands valets, qui essayaient de lui barrer le passage.

Sidonia regardait cet homme avec stupeur ; elle n'avait pas souvenir de l'avoir jamais vu.

— Il faut que je vous parle, mademoiselle, sur-le-champ, sans retard, ici même ! dit-il, d'une voix brève et impérieuse.

— A moi ? Je ne vous connais pas, monsieur.

— Pourtant je suis loin d'être étranger à l'hôtel de Soissons, où l'on m'invitait jadis à dîner, de temps à autre. Si vous ne m'y avez pas encore vu, mademoiselle, cela tient à une circonstance toute particulière : depuis quarante jours environ, j'ai eu l'avantage d'être logé et nourri à la Bastille, aux dépens du roi.

— A la Bastille! répéta Sidonia, s'appuyant contre un meuble pour se soutenir.

— Oui, c'est comme j'ai l'honneur de vous le certifier. Vous devez le comprendre, il est absolument nécessaire que je vous parle, et je le ferai, même en public, même devant tous, s'y vous ne craignez pas de m'y contraindre.

— Monsieur...

— Renvoyez vos femmes, de grâce, et croyez que je ne viens pas en ennemi. Vous avez été trompée, mademoiselle, indignement trompée, je vous le jure !

Sidonia, plus pâle qu'un spectre, fit un signe.

Les femmes sortirent de la chambre.

— Mademoiselle, dit l'inconnu, j'étais l'ami de François Du Boulay, quand le malheur ne l'avait pas encore frappé ; maintenant je suis son frère, et je me nomme le vicomte de Morcerf.

XXI

Nous sommes obligés de remonter le cours de notre histoire et de reprendre le récit des événements que nous avons laissés en arrière.

Tant d'intrigues se croisent et s'euchevêtrent, à chaque page, que nous aurions besoin du peloton de fil de l'amante de Thésée, pour ne pas égarer nos lecteurs dans un autre dédale.

Après être sorti du cabaret borgne, où Courcelles ivre-mort ne songeait plus ni à la faction du soir ni au duel du lendemain, Morcerf tourna de nouveau Saint-Germain-l'Auxerrois et rentra au Louvre par le guichet de l'Oratoire.

Comminges faisait l'appel dans la salle des gardes.

Lorsque Morcerf ouvrit la porte le capitaine répétait pour la dixième fois, en jurant, le nom du marquis.

— Bon! vous demandez Courcelles? il ne viendra pas, je vous l'affirme, et vous pouvez lui donner un remplaçant, dit le vicomte.

— Pourquoi ne viendra-t-il pas? demanda Comminges.

— Question superflue, capitaine. Dès que cet intrépide buveur se dispense de répondre à l'appel, soutenez à coup sûr qu'il est à cuver son vin quelque part. Vous êtes libre d'aller le prendre où il est; mais gardez-vous de confier un poste à sa surveillance.

— Où est-il, corbleu? je veux le savoir.

— Au coin de la rue de l'Arbre-Sec et de

la rue Saint-Honoré. Si vous envoyez à sa recherche et si on ne le trouve pas d'abord, ayez soin de recommander qu'on visite le dessous des tables.

Morcerf partit d'un bruyant éclat de rire, dont tous les autres officiers des gardes se firent l'écho.

— Paix, messieurs! cria sévèrement Comminges : cette gaîté me paraît malséante, quand un des vôtres manque à son devoir et apporte un oubli coupable dans le service du roi. Puisque vous êtes si bien instruit, vicomte, emmenez six hommes avec vous ; allez chercher l'ivrogne, jetez-le sur une civière, et faites-le transporter au Châtelet dans le cachot que vous savez.

— J'y cours, capitaine, j'y cours.

— Mais, dit quelqu'un, le tonnerre gronde et la pluie tombe à torrents.

— Qu'importe? un ordre donné, rien ne doit empêcher un officier des gardes de l'accomplir. En avant! cria le vicomte aux hommes dont il venait de faire choix : la pluie dégrisera Courcelles.

Une heure après, le neveu de M. de Villeroi était jeté sur le grabat de ce même cachot où, pendant le voyage de François à Orléans, Morcerf avait eu l'occasion d'exercer si à loisir son dévouement et sa patience.

— Oh! oh! fit-il, en reconnaissant le gardien, tu as profité de mes quinze louis, aimable bouledogue. Ta face est rubiconde et ton nez bourgeonne. Aie soin de prodiguer au captif les haricots rouges, avec une large provision d'eau claire. Mais tu n'as recouvré, je le vois, ni l'ouïe ni la parole. Bonsoir, bouledogue, bonsoir.

Morcerf regagna le Louvre, où il dit à Comminges :

— Ah! parbleu, capitaine, vous venez de sauver un fameux coup d'épée à votre petit cousin.

— Comment cela, vicomte!

— En fourrant Courcelles au Châtelet. Vous savez qu'il est presque aussi fort que moi sur l'escrime.

Il lui raconta brièvement la querelle du bouge, la provocation de François et le rendez-vous qui avait été pris pour le lendemain dans les fossés de l'abbaye.

— Ma foi, dit en baragouinant un Suisse qui venait d'entrer, ni l'un ni l'audre tes adfersaires ne bourra se droufer à ce rentez-fous ; car, à l'heure où je vous barle, ou gonduit le gousin du gapitaine à la Pastille.

— C'est faux ! dis que tu as mal vu, cria Morcerf, secouant le Suisse avec une sorte de rage, dis que tu nous trompes.

— Non, bartieu ! je gonnais le cheune homme, et je suis un te ceux qui l'ont pâillonné pour le borter tans le viacre.

— A la Bastille ! mais par quel ordre ?

— Bar ortre tu roi.

— Flamme et tonnerre ! cela devait finir ainsi, cria Comminges.

Morcerf courut aux informations, et la triste nouvelle se confirma.

Il sut que François avait pénétré chez les filles d'honneur; mais était-ce donc un crime irrémissible ; ce roi, jaloux sultan, se réservait-il, à l'exclusion de tout autre, l'entrée de ce mystérieux harem?

Ne voulant pas s'adresser directement à Olympe Mancini pour avoir des renseignements plus amples, car elle pouvait fort bien ne pas être étrangère à l'aventure, Morcerf questionna les gens de la surintendante et leur entendit raconter déjà cette fable absurde, débitée depuis à mademoiselle de Lenoncourt elle-même.

— Allons donc, pensa le vicomte, c'est impossible. François était fou, je l'accorde, mais pas au point de vouloir tuer sa maîtresse. J'éclaircirai l'affaire, morbleu! C'est difficile, sans doute, et je ne vois que Du Boulay lui-même... Oh! j'y songe, pourquoi pas? On arrive à tout avec de l'argent : à quoi l'emploiera-t-on, si ce n'est au service de l'amitié? Marc-Antoine coûtait quinze cents écus, et Marc-Antoine est mort, un fameux coureur! Si je ne l'avais pas prêté pour ce voyage d'Orléans, il serait encore la gloire des écuries paternelles, et qui sait? François aurait peut-être guéri de son amour. En résumé, tout ce qui lui arrive est de ma faute, et je consacrerai, s'il le faut, un millier de louis à sa délivrance. Oui, corbleu! six fois plus que n'a coûté Marc-Antoine.

A la fin de ce monologue, Morcerf alla trouver Comminges.

— Capitaine, lui dit-il, je vous demande un congé illimité.

— Pourquoi faire ?

— Ne m'interrogez pas, ceci est mon secret. J'ai besoin d'un mois, de deux mois peut-être pour exécuter le plan que j'ai conçu.

— Vicomte, pas de sottises ; prenez garde à vous.

— Enfin, capitaine, j'aime ce garçon, moi, et je veux le sauver.

Comminges lui pressa la main.

Sa rude physionomie laissait paraître de l'attendrissement ; une larme brillait sous sa paupière.

— Voilà, dit-il, après avoir signé un papier, qu'il tendit à Morcerf; mais n'allez pas vous perdre avec lui, flamme et potence!

— Ne craignez rien, capitaine; fiez-vous à mon habileté.

Morcerf laissa croire à tous ses camarades qu'il allait passer quelque temps en Touraine, au château d'une vieille tante, dont il avait à cultiver précieusement l'héritage, afin de le recueillir un jour.

Il leur fit ses adieux, rentra chez lui, changea son uniforme d'officier des gardes contre un costume d'homme du peuple, bourra ses poches de pièces d'or, sortit incognito à la nuit tombante et se dirigea vers le faubourg Saint-Antoine, où, se faisant passer pour un Breton qui venait chercher fortune à Paris, il loua une petite chambre modeste, dont la fenêtre donnait sur la Bastille.

— Pauvre François, il est là! se dit le vicomte, examinant le sombre édifice, dont la gigantesque silhouette se dessinait sur le clair-obscur du ciel. Que faire à présent? Un oiseau seul peut arriver au sommet de ces tours, il faudrait des catapultes pour emporter ces bastions; bien certainement le pont-levis ne se baissera pas à ma voix, et je me briserais en vain la tête contre les portes de bronze. Il faut donc employer la séduction et la ruse; mais qui vais-je séduire, et sous les pas de qui tendre mes piéges?

Il rêva toute la nuit au moyen de pénétrer dans la prison.

Le jour venu, Morcerf descendit, et se donna, pour rôder aux alentours, l'air le plus niais et le plus provincial qu'il lui fut possible de prendre.

Bientôt il fit la découverte d'une sorte d'hôtellerie, dont le maître, ancien porte-clefs à la Bastille, avait envoyé sa démission au gouverneur, parce qu'il ne se sentait pas le courage de prendre avec les captifs le ton rude et la mine rébarbative indispensables à l'emploi. Le brave homme conservait ses entrées franches dans la forteresse. Il avait obtenu l'autorisation de fournir ceux des prisonniers, à qui l'état de leur bourse permettait de se faire apporter à boire et à manger du dehors.

L'hôtelier se nommait Barbeau.

Morcerf ne tarda pas à se lier avec lui, et gagna son estime par un procédé fort simple : il fit ses trois repas chez maître Barbeau, paya régulièrement les cartes en se levant de table, et ne se plaignit jamais de ce qu'on lui servait.

De sa vie ni de ses jours, le digne gargotier n'avait eu de pensionnaire plus généreux et moins grondeur.

Aussi le soignait-il avec l'attention la plus

scrupuleuse, faisant appel à tous ses talents en cuisine pour épicer agréablement les plats, et poussant la délicatesse jusqu'à lui donner du petit vin d'Arbois tout à fait exempt de baptême.

Quand le vicomte se crut suffisamment avancé dans les bonnes grâces de son hôte, il eut soin de pousser de temps à autre quelques soupirs en sa présence.

Barbeau ne tarda pas à le questionner d'un air affectueux sur la cause de son chagrin.

— Hélas! dit Morcerf, j'avais un maître, un excellent maître, que le roi vient d'enfermer à la Bastille. Je donnerais tout au monde pour avoir de ses nouvelles.

— Diable! fit Barbeau, regardant le vicomte et se grattant la tête d'un air irrésolu.

— Son arrestation a eu lieu avec toute la brutalité possible; on ne lui a laissé prendre ni habits, ni linge, ni argent.

— Comment se nomme-t-il, votre maître ?

— François Du Boulay.

— Nous en recauserons, dit l'hôtelier.

Puis il s'en alla.

Morcerf attendait autre chose. Ce brusque départ lui sembla de mauvais augure; mais, à l'heure du dîner, Barbeau reparut avec un sourire amical et lui frappa sur l'épaule.

— Avez-vous des vêtements et du linge à faire tenir au prisonnier? lui demanda-t-il.

— Non, répondit le vicomte. Avec de l'argent, toutefois, ne pourra-t-il se procurer les objets de toilette les plus indispensables?

— Parbleu! dit Barbeau. Quelle somme voulez-vous lui faire remettre?

— Cinquante louis.

— Je m'en charge.

— Vous? s'écria Morcerf d'un air joyeux.

Oh! merci, merci! Comptez sur ma reconnaissance.

Il lui pressa les mains avec effusion; puis tout à coup, comme frappé d'une idée subite :

— Cela ne suffit pas, murmura-t-il avec chagrin. Tout est perdu si je ne puis réussir à le voir moi-même.

— Je comprends, dit Barbeau, vous manquez de confiance en moi.

— Par exemple! n'en croyez rien, mon cher hôte. Mais, voyez-vous, il y a des secrets terribles dans cette affaire, des secrets que mon maitre a le plus grand intérêt à apprendre, et que je n'oserais jamais confier à une lettre. D'ailleurs je ne sais pas écrire.

— Diable! fit l'hôtelier.

Chez lui cette exclamation prouvait, non que la difficulté fût insurmontable, mais qu'il s'appliquait à la résoudre.

— Je porte ordinairement moi-même ce que les prisonniers me demandent, dit-il au vicomte, à moins que je ne sois trop occupé, ou malade; dans ce cas, mon gâte-sauce me remplace, et j'ai obtenu un laisser-passer pour lui, à cet effet.

— Bon! dit Morcerf; ensuite?

— Ensuite, ensuite! dame, voyez, c'est à vous à décider la chose. Hier, j'ai mis à la porte le marmiton : prenez son tablier de cuisine, son bonnet blanc, et, ma foi, priez Dieu de vous conduire.

— O mon cher hôte, venez que je vous embrasse!

— Volontiers, dit maître Barbeau, se prêtant de bon cœur à l'accolade. Nous jouons, j'en conviens, une partie dangereuse ; mais bah ! on ne s'expose que pour les gens qu'on aime.

Le vicomte ne perdit pas une minute ; il se sangla les reins du tablier de cuisine, se coiffa du bonnet du gâte-sauce, reçut le laisser-passer de l'honnête Barbeau, ainsi que tous les renseignements nécessaires, et dit, en lui pressant de nouveau les mains avec émotion :

— Je n'oublierai de ma vie le service que vous m'avez rendu.

— Bon, fit l'excellent homme, allez toujours.

— Un instant, mon cher hôte, il ne faut pas pousser le dévouement jusqu'à l'imprudence. Admettons que j'aie la maladresse de me trahir, ou que j'excite les soupçons, n'importe de quelle manière : vous n'êtes en rien mon complice, je ne vous ai fait aucune confidence, et vous m'avez pris au service de votre cuisine, parce que je vous ai paru avoir la tournure d'un honnête garçon. Pas un mot de plus, si ce n'est que vous m'avez ordonné d'attendre et de rapporter les plats. Il est bien essentiel que nos réponses ne soient pas contradictoires.

— Bien entendu, dit l'hôtelier. Mais faites en sorte de revenir, au moins.

— Soyez tranquille, ce sera moi, ou un un autre, répondit Morcerf, qui posa gaillardement sur sa tête une sorte de corbeille longue remplie de vaisselle et de provisions de toutes sortes.

Maître Barbeau voulut en vain lui demander

l'explication de ses dernières paroles, il lui fut impossible de le retenir un instant de plus.

Le vicomte, déguisé en marmiton, se présenta bientôt devant la porte de la Bastille.

Ordinairement, le premier pont-levis (1) restait baissé pendant le jour, afin de laisser passer plus librement les équipages de M. le gouverneur. Une sentinelle se promenait, l'arme au bras, d'une extrémité à l'autre.

Morcerf tendit au soldat son laisser-passer.

Sur un signal de celui-ci, la herse de fer se

---

(1) Outre la grande porte, qui faisait face à la rue Saint-Antoine, il y avait deux ponts-levis, l'un tout à côté du logement du gouverneur, l'autre à l'entrée de la grande cour.

leva, puis retomba tout aussitôt avec un bruit formidable, lorsque le vicomte fut engagé sous la voûte.

— Ah ! ah ! fit le portier d'un ton rauque, en examinant Morcerf, vous êtes le nouveau garçon de maître Barbeau ?

— Comme vous le dites, répondit l'ami de François avec assurance ; j'apporte le dîner du prisonnier Du Boulay.

— Tournez à gauche et suivez l'avenue jusqu'au deuxième pont-levis.

— Bien obligé, dit Morcerf.

Il s'engagea dans la sombre forteresse.

A droite était l'hôtel du gouvernement, sorte de palais où le chef des geoliers tenait sa cour. En face, plusieurs petites maisons, alignées sur l'un des côtés de l'avenue, servaient de logement aux officiers subalternes.

Morcerf, arrivé devant le second pont-levis, eut affaire à une autre sentinelle, et les formalités devinrent là beaucoup plus rigoureuses. Il fallut plusieurs signaux pour faire baisser le pont, de l'autre côté duquel était un corps de garde rempli de soldats.

Un officier s'avança, prit le laisser-passer du vicomte, le retourna dans tous les sens et appela le concierge de cette nouvelle porte.

Aussitôt ce dernier sortit d'une espèce

de caverne obscure pratiquée sous la voûte.

— Le prisonnier Du Boulay ? dit Morcerf.

— Tout droit. Au bout de la grande cour, vous demanderez la tour du Puits.

— Fort bien.

De renseignements en renseignements, après avoir franchi le vestibule de la chambre du conseil et traversé une seconde cour, plus petite que la première, le vicomte arriva devant la tour du Puits.

On lui indiqua une rampe ténébreuse et on lui mit entre les mains une lanterne.

— Quatre-vingts marches à descendre, lui dit-on; le couloir en face, et vous trouverez un gardien. Ne vous cassez pas le cou.

— Miséricorde! pensa le vicomte, descendant la rampe et s'appuyant contre le mur humide, je crois faire le plus sinistre de tous les rêves. A-t-on bien la cruauté d'enterrer ainsi des hommes vivants?

Il compta les quatre-vingts marches et s'engagea dans un étroit corridor, où l'air manquait à sa poitrine.

Un qui-vive brutal arrêta sa marche.

— Garçon traiteur, dit Morcerf.

— Avancez !

Presque au même instant il se trouva face-à-face avec un personnage à la barbe hérissée, au teint livide, aux yeux fauves, et dont la voix avait quelque chose du rugissement du tigre.

A côté de ce gardien farouche, le bouledogue du Châtelet n'était plus qu'un agneau.

— Nouvelle figure, je n'aime pas cela, gronda le porte-clefs en examinant Morcerf. Qui demandes-tu ?

— M. Du Boulay. Sa famille vient de s'arranger avec maître Barbeau. Je lui apporterai dorénavant à dîner tous les soirs.

— Viens, suis-moi.

Tout jusqu'alors était parfaitement conforme aux habitudes du lieu ; mais le gardien fronça le sourcil quand Morcerf ajouta :

— Votre ancien camarade me charge de vous demander si je puis attendre la fin du repas et remporter la vaisselle qui lui ferait faute jusqu'au lendemain, car les plats sont nombreux.

— Soit, dit le porte-clefs.

Il prit une lampe, l'approcha vivement du visage de Morcerf et sembla vouloir fouiller du regard jusqu'au fond de son âme.

Le vicomte eut un tressaillement de crainte; il se hâta de lui dire :

— Oh! je ne demande pas à attendre dans le cachot du prisonnier.

— Pourquoi non? rien ne s'y oppose.

Morcerf remercia la providence et crut avoir éloigné de l'esprit du gardien des soupçons, qu'il venait au contraire d'exciter plus fortement.

Ils arrivaient près d'une large porte en fer massif.

Le gardien tira les verroux, fit jouer l'énorme serrure et dit au vicomte :

— Entre là, je viendrai te reprendre dans une heure.

Puis, sans ajouter un mot de plus, il le poussa dans le cachot, dont la porte se referma sur Morcerf avec un bruit lugubre.

La lanterne que ce dernier tenait à la main jetait de trop faibles rayons pour que le prisonnier, couché sur la paille au fond de cet antre fétide, pût reconnaître son ami.

— Je n'ai rien demandé, je ne veux rien, murmura François : la vie m'est odieuse; qu'on me laisse mourir.

Morcerf ne répondit pas.

Déposant ses provisions sur une table à demi rongée par l'humidité, il courut au triste amant de mademoiselle de Lenoncourt, lui glissa son nom à l'oreille, et lui ferma promptement la bouche, afin d'arrêter un cri de surprise.

François se redressa par une sorte de bond galvanique.

Il posa ses deux mains sur les épaules du vicomte, le regarda d'un œil fiévreux; puis, ne conservant plus aucun doute, il l'attira contre son cœur et fondit en larmes.

Morcerf se dégagea doucement, le fit asseoir sur l'unique escabeau du cachot, et dirigeant un doigt vers la porte, il murmura d'une voix très-basse :

— On peut nous écouter. Causons, mais seulement du bout des lèvres, et ne laisse pas mon dîner sans y faire honneur, attendu que chaque soir, il faut que je t'en apporte un pareil, si je veux pénétrer jusqu'ici et m'occuper de ta délivrance.

— De ma délivrance ?

— Chut ! pas si haut. Voici du vin d'Arbois très-passable : remplis ton verre et découpe cette volaille. Oui, cher ami, de ta délivrance ; elle aurait lieu, dès ce jour même, si la bête féroce, qui garde ta porte, n'avait pas eu l'air d'avoir un soupçon. Fort heureusement j'ai réussi à le dissiper.

— Hélas! tu me berces d'une espérance trompeuse. Comment t'y prendrais-tu pour me faire sortir? demanda Du Boulay.

— Mange et je vais te l'expliquer.

— Impossible, mon ami; je suis malade, et, d'ailleurs l'émotion que j'éprouve à ta vue...

— Je comprends. Alors, fais-moi le plaisir de déchiqueter tous ces plats l'un après l'autre, afin que du moins on puisse croire que tu y as touché. C'est cela, fort bien! tranche, coupe, je paierai la carte. Maintenant revenons à mon projet. La hideuse brute, qui a la clé de ce galetas immonde, m'a dévisagé tout à l'heure avec ses yeux de lynx, sans quoi je prenais tes habits à l'instant même, je te donnais les miens et tu sortais à ma place, avec cette corbeille sur la tête.

— Y songes-tu? je ne consentirais jamais...

— Paix donc! que le diable t'emporte avec tes scrupules et ta rage de parler à haute voix. N'ai-je pas en poche, ou plutôt sous la doublure de mon habit, car il faut tout prévoir, plus de vingt-quatre mille livres, tant en or qu'en lettres de change? Il y a là de quoi corrompre cent gardiens. Ma famille, d'ailleurs, s'mpressera de remuer ciel et terre pour me tirer d'ici.

— Mais.....

— Tais-toi, de grâce, et fais-moi le plaisir d'écraser ce ris de veau avec ta fourchette. Sera-ce donc la première fois que j'aurai goûté du cachot pour ta seigneurie? D'ici trois ou quatre jours, l'animal, qui m'a crié *qui vive* dans le corridor, ne me placera plus sa lampe sous le visage, et tu pourras sortir en toute sécurité. Une fois hors de France...

— Hors de France, loin d'elle! n'y compte pas, ami, à moins que Sidonia ne se décide... Mais tu l'as vue peut-être? Qu'a-t-elle pensé, mon Dieu!

— On lui a dit que tu voulais l'assassiner.

— Juste ciel!

— Très-bien, pousse des exclamations, attire le rhinocéros du couloir : tu t'enlèveras du même coup le moyen de sortir et celui de te justifier. Pourquoi entrais-tu chez les filles d'honneur, une arme à la main?

— Pour me tuer à ses genoux, si elle ne consentait pas à déjouer par la fuite les plans odieux de Courcelles et de M. de Louvois.

— Magnifique expédient! Sa Majesté devait réfléchir qu'elle a son hospice de Bicêtre et que la Bastille n'est pas faite pour un cerveau fêlé de ton espèce; mais j'aurai de la raison pour deux, et tu m'obéiras, par l'enfer! ou, sinon...

— Prends garde, mon ami : tu parles à ton tour beaucoup trop haut.

— En effet. C'est ta faute aussi. Ne dirait-on pas que mademoiselle de Lenoncourt a déjà reçu la bénédiction nuptiale? Mes amis sont les tiens, ils feront naître obstacle sur obstacle. Sidonia, d'ailleurs, n'est encore qu'une enfant; elle attendra bien une année ou deux que la rancune du roi s'apaise et que tu puisses rentrer dans le royaume. Ainsi, tout s'arrange pour le mieux : tu sors de cet horrible cachot; tu écris, si bon te semble, à ta belle deux mots de justification, puis tu pars pour l'étranger... Laisse-moi finir et ne m'interrompt pas. Je sors à mon tour, je vais à l'hôtel de Soissons, je manœuvre avec l'habileté dont plus d'une fois tu as eu la preuve, et je veux être pendu à la plus haute des huit tours qui pèsent sur nous, si Courcelles et son protecteur triomphent.

— O mon ami, en quoi donc ai-je pu mériter cette abnégation sans bornes, cette amitié sublime?

— Ah! ma foi, je l'ignore; car tu m'as donné, depuis que je te connais, beaucoup plus de chagrin que de plaisir. L'amitié, j'imagine, ressemble à l'amour et aux champignons : cela pousse à tort et à travers, sans qu'on le sème.

— Cher vicomte! toujours railleur; mais toujours bon, toujours dévoué.

— Silence, morbleu, silence! On ouvre la porte, murmura Morcerf, qui se mit à ranger dans la corbeille les assiettes et les plats de maître Barbeau. Nie tout, si l'on te questionne. Tu ne me connais pas.

Le gardien parut.

XXII

— C'est fini, la nappe est levée, dit tranquillement le vicomte, rechargeant la corbeille sur sa tête. Nous n'avons pas fait plats nets, mais l'appétit, demain, sera meilleur.

— Tant mieux, fit le porte-clefs; sortons.

Nos amis ne s'adressèrent plus un mot et n'échangèrent pas même un regard d'adieu, dans la crainte de se trahir.

Le cachot se referma.

Morcerf ne vit pas sans une certaine inquiétude le gardien l'accompagner jusqu'au bout du couloir et commencer même à gravir les marches, en le précédant.

Cette inquiétude redoubla, quand, arrivés en haut de la rampe, il sentit la main de son guide s'appuyer avec rudesse sur son épaule.

— Tu vas me suivre chez le gouverneur, dit le porte-clefs au faux marmiton.

— Bah! pourquoi? demanda Morcerf.

— Tu le sauras bientôt. Pose là ta corbeille, et de l'activité dans les jambes; il faut que je regagne mon poste au plus vite.

Le vicomte n'essaya pas d'opposer la moindre résistance.

S'il engageait une lutte et triomphait de cet homme, il savait parfaitement qu'il ne triompherait ni du corps de garde, ni des concierges, ni du soldat placé en tête de chaque pont-levis.

Justement le gouverneur se trouvait alors dans la chambre du conseil; il n'y avait que la petite cour à traverser.

Deux minutes après, Morcerf était en présence de M. de Barnaville.

Ainsi se nommait l'homme, chargé, sous Louis XIV, de la surveillance de la prison d'État. Cet homme exerçait dans tout le château l'autorité la plus absolue ; la vie des captifs était entre ses mains.

— Que me veut-on ? Pourquoi m'amènes-tu ce drôle ? demanda le fonctionnaire au porte-clés.

Celui-ci expliqua brièvement les soupçons qu'il avait conçus.

— J'ai prêté l'oreille, monseigneur, dit-il, et j'ai entendu certaines paroles...

— Bon! crois-tu que je sois muet? dit Morcerf, se hâtant de l'interrompre et payant d'audace. Tu m'as permis d'entrer dans le cachot : ma foi, j'ai lié conversation avec le prisonnier. Où est le mal, trouves-tu qu'il y ait là de quoi me pendre?

Un geste de Barnaville imposa silence au vicomte.

— Ils ont chuchoté plus de vingt minutes, reprit le gardien ; j'ai saisi quelques phrases, dont la signification m'a paru fort claire.

— D'abord, tu mens, je parlais haut.

— Voyons ce que tu as entendu, dit le gouverneur, s'adressant au porte-clés, après un nouveau geste plus impérieux, qui ordonnait à Morcerf de ne plus interrompre.

— Il s'est agi de délivrance, monseigneur.

— Oh ! l'excellente farce ! j'irai délivrer un prisonnier, moi ?... Tiens, au fait, il a raison. Ce pauvre diable m'a dit d'un air piteux : « J'ai des amis, mais ils ne s'occupent guère de ma délivrance ! » Voilà ses propres paroles. Pardon, monseigneur.... On m'accuse, je me défends ; le roi lui-même ne m'en empêcherait pas, ajouta Morcerf, jouant au mieux la naïveté et l'indignation.

— Quelles sont les autres phrases ? demanda le gouverneur.

— M. Du Boulay, dont j'ai reconnu la voix, s'est écrié : « Hors de France, loin d'elle ! »

— C'est encore vrai, dit Morcerf ; oui, je me souviens, il a lâché cela avec un gros soupir, en découpant une cuisse de volaille : « Je voudrais être hors de France ! » Dame, j'ai trouvé ce désir tout simple, le cachot n'est pas agréable.

— Mais « loin d'elle, » fit le gardien, que signifiaient ces mots ?

— Loin de la France, pardine ! es-tu bête ? Demain, en revenant, je t'apporterai du foin.

— Silence, pas d'injures ! cria le gouverneur.

— Voici la phrase la plus curieuse, ajouta le gardien : « J'aurai de la raison pour deux, et tu m'obéiras, par l'enfer ! » Ce n'était plus alors la voix du prisonnier.

— Qu'avez-vous à répondre ? dit le gouverneur à Morcerf.

— Eh ! monseigneur, cet homme a bu, ou

il se venge de ce que je ne l'ai pas fait boire. J'avais dans ma corbeille deux flacons de vin d'Arbois, cela vous explique tout. « Tu m'obéiras, par l'enfer, » s'il y a du bon sens ! Jurer n'entre d'abord pas dans mes habitudes ; ensuite est-il supposable que j'aie eu l'audace de tutoyer ce jeune seigneur? Allons donc! nous n'avons jamais gardé le bétail ensemble; pourquoi m'obéirait-il?

— Assez. Vous êtes au service de l'hôtelier Barbeau?

— Depuis hier.

— Vous vous appelez?

— Maurice.

— Êtes-vous de Paris ?

— Non, je suis de Rennes, en Bretagne.

— Eh bien, maître Maurice, le breton, vous nous cachez quelque chose, et vous resterez céans, jusqu'à ce que vous mettiez plus de franchise dans vos aveux.

— Alors, monseigneur, j'y resterai jusqu'à la fin de mes jours.

— Oh ! le cachot finira par vous délier la langue.

— J'ai dit tout ce que j'avais à dire. Emprisonnez-moi et faites prendre des renseignements. Par exemple, je demande un autre gardien que ce menteur, à qui je promets de casser une patte ou deux, si je le rencontre jamais hors de la Bastille.

Le gouverneur trouva la requête assez juste et renvoya le porte-clés, qui sortit en grognant.

On jeta Morcerf au fond d'un cachot aussi noir que celui de son ami.

Cet incident terrible renversa d'abord toutes ses idées.

Pourtant, il finit par comprendre que le plus sage était de ne point démentir le calme magnifique déployé devant le gouverneur. Il pouvait à l'instant même recourir aux moyens de séduction qu'il avait en son pouvoir, gorger d'or un porte-clés et s'enfuir avec lui ; mais il prenait à cœur le salut de François plus que le sien propre, et sans avoir dans l'esprit rien de plus net encore pour remplacer son espérance détruite, il résolut de réfléchir et d'attendre.

Paraître indifférent à son sort et narguer la prison, lui sembla le parti le meilleur à suivre pour dissiper les soupçons de Barnaville.

— Eh! vertudieu, camarade, dît-il au nouveau gardien qui lui ouvrait le cachot, sais-tu qu'un homme, ainsi logé aux frais du roi, n'est pas à plaindre ?

— Heu ! fit l'autre, en hochant la tête.

— Quoi ! n'est-ce pas ton avis? Manger, boire, dormir, et point de travail, c'est la plus douce existence du monde.

— Surtout, fit ironiquement le geôlier, quand on vous nourrit de pain noir.

— Comme en Bretagne, dit Morcerf.

— Quand on ne vous donne que de l'eau.

— Je déteste le vin.

— Et quand vous couchez sur la paille.

— Beau malheur ! j'y suis habitué depuis l'enfance.

Le vicomte pirouetta joyeusement et se mit à chanter à tue-tête :

> Manger, dormir et ne rien faire
> Matin et soir ;
> Vive l'eau claire
> Et le pain noir !

Ce couplet d'une poésie analogue au rôle que jouait Morcerf, et dont il venait d'improviser, sans trop d'effort, la musique et les paroles, acheva d'émerveiller le gardien.

— Tant mieux si vous êtes content, dit-il ;

vous êtes le premier que je trouve raisonnable.

— Au fait, s'écria tout à coup le vicomte, en se frappant le front, maître Barbeau s'occupera sans doute de varier un peu ma nourriture, en attendant que je reprenne chez lui mon emploi de gâte-sauce ? Lorsque tu le rencontreras, dis-lui qu'il pense à moi.

— Volontiers, car vous m'avez l'air d'un bon vivant.

Le geôlier s'en alla, très-décidé à tenir cette promesse.

Malheureusement, maître Barbeau, appelé,

le soir même, chez le gouverneur, se troubla devant ses menaces; il ne révéla rien, mais sa contenance augmenta les soupçons.

On lui signifia que l'autorisation de vendre sa cuisine dans la forteresse lui était retirée.

— Bon! fit Morcerf, en apprenant cette nouvelle, je n'ai qu'à reparaître à l'hôtellerie, j'y serai reçu à coups de trique, bien que dans tout ceci rien ne soit de ma faute. Autant rester en prison, puisque me voilà sans place. Dis au gouverneur, je te prie, de ne pas me renvoyer.

Intérieurement, toutefois, il était fort chagrin de l'aventure.

Le seul espoir qui lui restait encore de sauver son ami était tout entier dans les relations de Barbeau avec la prison d'État.

Mettre de l'obstination dans ce projet de délivrance, lutter contre une impossibilité absolue, Morcerf n'y songea pas.

Son dévouement alors eût été de la folie.

— Occupons-nous de sortir d'ici, pensa-t-il, et voyons si notre geôlier est accessible à la séduction.

Mais une ouverture à cet égard devenait très-difficile ; le terrain pouvait lui manquer au premier pas. Restant donc jusqu'à nouvel ordre fidèle à son rôle, il se mit à dire un jour :

— Ça, voyons, as-tu beaucoup de prisonniers qui me ressemblent?

— Non vraiment, pas un seul, répondit le gardien.

— Ils s'ennuient, n'est-il pas vrai, ils se désolent? certains d'entre eux, je le gage, te donneraient des sommes exhorbitantes, si tu voulais consentir à favoriser leur fuite?

— Hélas! ils me proposeraient tout l'or du Pérou, que je serais obligé de répondre par un refus.

— Ah! pourquoi? demanda Morcerf, frissonnant malgré lui.

— Parce que je suis prisonnier moi-même.

— Hein? je ne te comprends pas.

— Vous allez me comprendre : quand un homme, condamné à la réclusion perpétuelle, mène une conduite sans reproche pendant six ou huit ans, il obtient quelquefois d'être transféré à la Bastille et d'y exercer les fonctions de gardien. Je suis un de ceux qui ont obtenu cette grâce; mais je ne quitte jamais l'intérieur de la prison.

— Bah! si quelque grand seigneur, comme

on en voit arriver souvent dans ces murs, te donnait sept ou huit cents louis, par exemple, tu aurais de quoi payer la discrétion des concierges.

— D'accord ; seulement je n'échapperais pas aux coups de fusil des sentinelles, échelonnées d'un bout à l'autre du rempart et sur toute la longueur du fossé.

— J'en conviens, la démarche serait périlleuse, dit le vicomte ; néanmoins il arrive qu'un homme passe au travers d'une grêle de balles, sans être touché.

— Allons donc ! la fusillade donne l'éveil. Si l'on nous rattrape, peine de mort... merci bien! Deux fois on a essayé des propositions de ce genre, et deux fois j'en ai prévenu le gouverneur.

— Pardieu ! s'écria Morcerf, j'en eusse fait autant. Mais à propos, et ce linge que tu devais me procurer?

— On s'en occupe ; vous aurez trois chemises neuves pour six livres.

— Juste moitié de ce qui me reste en poche : deux malheureux écus, pas davantage. Tiens, en voilà un dit le vicomte.

— Dans cinq minutes, je vous apporte les chemises et de la paille pour renouveler la vôtre.

— Bravo! quelle nuit je vais passer! du linge blanc, de la paille fraîche : quinze heures de sommeil, ni plus ni moins, je n'en rabattrai pas d'une seule.

Et là-dessus, Morcerf eut le courage de chanter son couplet burlesque, sans que sa voix trahît le plus léger frisson.

> Manger, dormir et ne rien faire
> Matin et soir :
> Vive l'eau claire,
> Et le pain noir !

— Quel heureux naturel ! pensa le gardien.

Après son départ, le prisonnier posa les deux mains sur sa poitrine et crut qu'il allait perdre connaissance, tant il avait fait d'efforts pour maîtriser son émotion.

Le danger devenait on ne peut plus sérieux.

Va-t-il demander à être conduit au gouverneur, afin de lui décliner son véritable nom? mais alors on exigera une révélation complète, on fera connaître au roi sa tentative; il lui sera défendu peut-être d'avertir sa famille, et son emprisonnement, qui jusqu'alors n'est que provisoire, peut devenir définif par un ordre transmis du Louvre.

Non, le plus sûr est de ne pas trahir le mystère sous lequel s'abrite le vicomte, et de laisser toujours croire au garçon de maître Barbeau.

Le gouverneur de la Bastille a le droit peut-être d'imposer à un délinquant, pris en flagrant délit, une punition temporaire ; mais il outrepasserait ses pouvoirs, en le retenant au-delà des bornes, sans feuille d'écrou.

Cependant les jours s'écoulèrent, puis les semaines.

Morcerf pensait à son pauvre ami, que l'affreux gardien n'avait pas manqué sans doute d'instruire de son arrestation.

Si, pendant qu'ils sont retenus à la Bastille, mademoiselle de Lenoncourt allait épouser Courcelles?

A cette idée le vicomte se sentait pris de véritables accès de rage, sachant que ce fatal hymen causerait la mort de François.

Il s'agissait, pour l'heure, d'une captivité bien autrement sérieuse que celle du Châtelet. Personne au monde ne songeait à venir à son secours; on le croyait en Touraine, et il ne lui était possible d'apprendre sa triste situation ni à ses parents ni à Comminges.

Morcerf, dont le caractère fantasque et joyeux finissait toujours par trouver le rire à côté des pleurs, se dit un soir, après les réflexions les plus désolantes :

— Ah! pardieu, c'est une gageure! Il est écrit là-haut que, volontairement ou non, je tâterai du cachot pour Du Boulay. Niez donc la destinée! ma foi, je me range aux doctrines du fatalisme.

Et il se livra tout à coup à un accès de gaîté folle, qui attira le gardien.

— Comment, s'écria celui-ci, frappé de surprise, vous riez de cette force là, tout seul?

— Tout seul est une expression très-heureuse, dit le vicomte. Me croisais-tu, par hasard, en compagnie ?

— Dame, vous n'étiez plus aussi joyeux, depuis quelque temps.

— Oui, tu as raison, parfois la tristesse me gagne.

— Allons, courage! on m'a parlé de vous. J'ai répondu de manière à vous être utile. Peut-êtes vous laissera-t-on bientôt sortir.

— Eh! va au diable, dit Morcerf, s'apercevant qu'il mettait en oubli son système : on ne me rendra ni ma place perdue, ni la confiance de maître Barbeau.

Cependant il n'eut garde de s'obstiner à rester, le lendemain, dans son cachot, lorsqu'il apprit que le gouverneur l'invitait à se rendre auprès de lui.

— Eh bien, maudit breton, tête de bronze, ne feras-tu aucun aveu? cria le fonctionnaire, du plus loin qu'il l'aperçut.

— Ce serait avec beaucoup de plaisir, monseigneur, si j'avais quelque chose à vous avouer.

— Pourtant, le gardien de M. Du Boulay persiste dans ses accusations.

— Tant pis, cela prouve qu'il est un lâche menteur, ou un âne.

— Si je te plaçais dorénavant sous sa surveillance?

— Bah! peu m'importe. Me donnera-t-il du pain plus noir, de l'eau moins fraîche, e ne sera-t-il pas obligé de changer ma paille chaque semaine?

— Sans doute.

— Alors, autant lui qu'un autre.

— Tu n'étais pas de cet avis en premier lieu.

— J'en conviens, mais vous êtes trop juste pour ne pas empêcher qu'on me maltraite.

— Oh! oh! tu as beaucoup de philosophie pour un marmiton?

— Si j'étais noble, ou même bourgeois, le cachot me semblerait plus dur.

— Ainsi tu demandes à y rester?

— Oui, si c'est un effet de votre obligeance : ne trouvez-vous pas que j'y engraisse?

— Va-t'en, double imbécile! cria le gouverneur.

Il le poussa par les épaules et le jeta hors de la chambre, ayant presque scrupule d'avoir gardé si longtemps un homme qui devait être, en effet, de la plus basse condition et ne tenir à rien, puis qu'aucun personnage d'importance n'était venu le réclamer.

Peu d'instants après, l'ordre était donné de laisser sortir Morcerf.

A peine dehors, celui-ci courut à l'hôtellerie de maître Barbeau. Le brave homme n'espérait plus le revoir ; il se jeta dans les bras du vicomte et pleura de joie.

Quant à la perte de sa fourniture, il n'en parla même pas.

— Mon cher hôte, apprenez moi vite qui vous remplace et porte aujourd'hui le repas des prisonniers ? se hâta de lui dire Morcerf.

— C'est un voisin, répondit Barbeau.

— Tant mieux. Vous le connaissez?

— Oui. Nous sommes un peu en concurrence, mais pourtant sans être ennemis.

— Bien, maître. Prêtez-moi, s'il vous plaît, une paire de ciseaux?

L'hôtelier courut à un placard et lui rapporta ce qu'il demandait.

Morcerf se dépouilla de son habit, le retourna, puis se mit à découdre la doublure.

Barbeau ne comprenait rien à ce manége;

il ouvrait de grands yeux et murmurait entre ses dents :

— Pauvre garçon ! le cachot lui a dérangé la cervelle.

Mais presque aussitôt une pluie de pièces d'or tomba de l'ouverture que venait de pratiquer Morcerf.

— Allons, mon brave, dit le vicomte, ramassez-moi cela ! Comptez à mesure. Il doit y avoir cent louis, si je ne me trompe ? C'est tout ce que j'ai en espèces.

Il reprit les ciseaux, pratiqua dans le vêtement une seconde ouverture et retira un papier qu'il déploya.

— Voici, dit-il, une lettre de change de cinq mille livres; elle vous sera payée à vue dans les bureaux de M. de Colbert, et c'est un faible dédommagement du tort que je vous ai causé... Pas un mot, ou je vous force à en accepter une seconde!

— Mais, balbutia l'hôtelier, qui êtes-vous donc?

— Rassurez-vous, je n'ai pas volé cet argent.

— Oh! Dieu me préserve d'avoir un tel soupçon; vous avez l'air trop honnête, trop noble...

— Allons, allons, cher hôte, le temps

presse. Vite du papier, une plume et de l'encre.

Barbeau se hâta de lui apporter ce qu'il demandait.

Le vicomte écrivit rapidement les lignes suivantes :

« Courage, mon pauvre ami, courage! Dieu nous envoie de cruelles épreuves, mais c'est offenser sa providence que de nous livrer au désespoir.

« Je suis libre.

» Tous les plans formés jusqu'ici pour briser ta chaîne sont rendus impossibles par la fatalité des circonstances; mais, sois tranquille, j'en inventerai d'autres.

« En attendant, je vais courir à l'hôtel de Soissons et confondre tes ennemis.

« Courage, encore une fois, courage! Le corps, chez les natures d'élite, ne succombe jamais, si l'âme le lui défend. Tu as un ami qui, en tous lieux, devant tous et contre tous, prendra fait et cause pour toi avec autant d'énergie que pour lui-même.

« ADRIEN DE MORCERF. »

— Y a-t-il là cent louis? demanda le vicomte à l'hôtelier, en cachetant sa lettre et en écrivant sur l'adresse le nom de Du Boulay.

— Cent louis juste, répondit Barbeau.

— Prenez-les avec ce billet, courez chez votre voisin, faites briller l'or à ses yeux et donnez-lui moitié d'avance, vous comprenez? ma lettre doit parvenir à tout prix.

— Elle parviendra, je vous le jure.

— C'est la vie d'un homme qui est en question, songez-y, cher hôte.

— Oui, je sais, de votre maître...

— Laissons une histoire à laquelle vous ne

croyez plus. Je me nomme le vicomte de Morcerf, et je suis l'ami le plus intime du prisonnier. Mon sang, ma fortune, je consacrerai tout à sa délivrance. Voici, cher hôte, une seconde lettre de change, dont vous ferez passer le montant à la Bastille au fur et à mesure des besoins de François Du Boulay. Nous nous reverrons. Adieu !

Morcerf quitta l'hôtellerie.

A peine avait-il fait quelques pas dans la rue Saint-Antoine, qu'un homme lui frappa sur l'épaule.

Il se retourna.

C'était Comminges.

— Tonnerre et sang! cria le capitaine des gardes, depuis quarante-huit heures et plus, je vous cherche dans les environs.

— Est-ce possible?

— Ne me croyez-vous pas sur parole?

— Si fait, capitaine; mais vous auriez pu me chercher pendant un siècle, si le hasard ou plutôt la Providence...

— Enfin, je vous trouve, c'est l'essentiel. J'avais une peur abominable que mon petit cousin ne recouvrât, en ce moment, la liberté.

— Pourquoi? demanda le vicomte avec surprise.

— Vous ne le devinez pas, corne et potence! Au lieu de rester éternellement dans ce quartier perdu, vous auriez été sage de faire un tour du côté de l'hôtel de Soissons. François ne sortirait que pour commettre de nouvelles sottises, et plus irréparables peut-être.

— Vous me faites trembler, capitaine. S'agit-il du mariage de mademoiselle de Lenoncourt?

— Eh! oui, morbleu! Tout Paris en parle; vous seul l'ignorez.

— De son mariage avec Courcelles? dit

Morcerf, qui se cramponna convulsivement au bras de Comminges.

— Sans doute : il a lieu aujourd'hui.

— Malheur! malheur!... Oh! c'est impossible! Je suis là, moi, ce lâche ne l'épousera pas ; non, par le ciel, ou je le tue !

Plus prompt que l'éclair, le vicomte retourna du côté du boulevard, se jeta dans un fiacre qui passait et cria au cocher :

— A l'hôtel de Soissons ! Crève tes chevaux, fais voler en éclats ta voiture, mais sois-y dans dix minutes !

Le fiacre partit ventre-à-terre.

— Flamme et mort! se dit Comminges, arrivant essouflé et renonçant à suivre le véhicule à la course : ils sont donc aussi fous l'un que l'autre?

Pendant le trajet, Morcerf eut le temps de réfléchir.

Avant de s'attaquer à Courcelles, il résolut de parler à Sidonia. Nos lecteurs savent qu'il a pénétré dans la chambre de la jeune fille, au moment où celle-ci achevait sa toilette de noce.

Les femmes se sont retirées, laissant mademoiselle de Lenoncourt en tête-à-tête avec le vicomte.

XXIII

La future de M. le marquis de Courcelles semblait changée en statue. Elle restait immobile et presque sans souffle. Le nom de François Du Boulay, qu'elle venait d'entendre, était pour elle une sorte de glas funèbre qui évoquait tous les fantômes du passé pour épouvanter l'heure présente.

— Daignez vous rassurer, mademoiselle, dit Morcerf. Je rends grâces à Dieu, qui a permis que j'arrivasse assez tôt pour vous épargner des remords et vous montrer le gouffre où vous alliez descendre.

— Expliquez-vous, dit Sidonia d'une voix presque éteinte.

— Oh! les explications entre nous seront aussi simples que faciles : vous avez été trompée, je vous le répète ; les deux femmes en qui vous mettez votre confiance n'ont ni délicatesse, ni loyauté, ni vertu.

— Toujours les mêmes calomnies, murmura la jeune fille; toujours des accusations sans preuves !

Elle reprenait quelque assurance et jetait sur Morcerf un regard, où le soupçon se mêlait à une nuance de dédain.

— Vous vous êtes donné, monsieur, le titre de vicomte ; permettez-moi de vous faire observer que le costume sous lequel vous pénétrez ici...

— Appartient plutôt à un homme du peuple qu'à un officier des gardes du roi? j'en conviens, interrompit Morcerf, faisant un demi-tour sur lui-même, comme s'il eût voulu qu'aucun détail de son accoutrement n'échappât à mademoiselle de Lenoncourt.

Il était couvert d'une sorte de houppelande de drap marron, son haut-de-chausses était en toile grise et il portait un chapeau noir sans plumes.

— Vous voyez, mademoiselle ? Sous ce vêtement, et après une foule de ruses, dont l'histoire serait trop longue, j'ai réussi à pénétrer à la Bastille et à parler au malheureux, dont le nom seul tout-à-l'heure vous a causé tant d'émotion.

— Je l'avoue, dit Sidonia ; mais, en vérité, cette émotion n'a point de motif plausible, et je l'ai vaincue.

— Tant pis, mademoiselle ! Cela prouve que, si la nature vous a richement douée en ce qui concerne les grâces du corps, elle a été plus avare pour le reste.

— Est-ce une offense ? demanda la jeune fille avec hauteur.

— J'ai résolu, dit le vicomte, de pousser avec vous la franchise jusqu'à la dureté. Le temps nous manque. Apprenant que vous étiez sur le point de vous précipiter, la tête basse, dans les embûches qu'on vous dresse, je suis accouru, sans prendre la peine de changer de vêtements, je suis accouru vous dire : arrêtez ! ne vous mariez pas avec le marquis de Courcelles, ou vous êtes perdue !

— Tout cela est fort bien ; je commence à reconnaître en vous l'ami de M. Du Boulay, dit Sidonia d'un air ironique.

— Je ne vous comprends pas, mademoiselle.

— Comme lui, vous excellez à jeter le cri d'alarme ; comme lui, vous cultivez à merveille la phrase qui épouvante et ne dit rien.

Le vicomte eut un tressaillement de colère.

— Oh ! pensa-t-il, je l'avais bien jugée, cette femme : belle comme un ange, point de cœur !

— Je souhaite, reprit Sidonia, qu'au bout

de vos magnifiques harangues, vous ne me réserviez pas, à votre tour, un coup de pistolet pour conclusion.

— Et quand François aurait voulu vous tuer! s'écria Morcerf hors de lui, serait-ce la première fois qu'un amant au désespoir essaierait, par des menaces de mort, d'arrêter une folle maîtresse qui refuse de l'entendre et court à l'abime? N'aviez-vous pas l'un et l'autre échangé des serments? Etiez-vous en droit, malgré lui, malgré ses conseils, de suivre une route dangereuse? non, mademoiselle, non! Si l'arme dont François était porteur eut été pour lui un argument suprême, vous ne devez pas lui en faire un crime, aujourd'hui surtout, puisque vous réalisez ses craintes, puisque vous justifiez ses prévisions, car vous êtes parjure, entendez-vous, aussi odieusement parjure qu'une femme peut l'être !

— Mais, monsieur.....

— Mais ce mariage ne s'accomplira pas ! je vous le défends, au nom de la conscience, au nom de l'honneur, au nom de votre avenir !

— Vos discours sont d'une audace.....

— Écoutez, mademoiselle, dit Morcerf, en faisant sur lui-même un effort pour reprendre du calme, si Du Boulay n'a pas renoncé à vous, si la blessure de son cœur ne s'est pas fermée, ce n'est pas ma faute, je vous le proteste : j'a i tout tenté pour le guérir, je lui ai conseillé la fuite, j'ai voulu l'emmener en Flandre ; je pressentais que le pauvre garçon courait au malheur ; mais il n'a tenu compte de rien. Votre amour était sa vie.

— Et ma fortune, monsieur, croyez-vous qu'elle entrait pour peu de chose dans ses espérances ?

— Ah ! je conçois qu'on ait jeté dans votre esprit cet indigne soupçon ! vous ne l'auriez pas eu de vous-même ; il n'a jamais sérieusement pris racine dans votre âme, non, vous dis-je ! vous n'avez pas cru davantage à ce prétendu dessein d'attenter à vos jours. Quand Du Boulay a pénétré chez les filles d'honneur, il voulait vous décider à fuir, à fuir sur-le-champ.

— Oui, sans doute, et le pistolet devait prêter beaucoup de force à son éloquence, dit amèrement Sidonia.

— Le pistolet, mademoiselle, devait, sur votre refus et dans l'état de désespoir où se trouvait François, se diriger contre sa personne et non contre la vôtre.

— Mensonge !

— Un démenti donné par un homme, dit froidement Morcerf, est quelquefois un acte de courage ; mais de la part d'une femme...

— Enfin, monsieur, dit Sidonia, se hâtant de l'interrompre, où avait pris naissance le profond désespoir, dans lequel, selon vous, était plongé M. Du Boulay?

Morcerf la regarda bien en face et répondit :

— François venait d'entendre une révélation monstrueuse sortir de la bouche même de celui qui doit, ce matin, vous conduire à l'autel.

— De la bouche du marquis?

— Je vous l'affirme par tout ce qu'il y a de plus sacré dans l'honneur. Oserez-vous dire encore que je fais un mensonge?

— Non, monsieur, murmura-t-elle, pâlissant de nouveau.

Puis elle ajouta d'une voix tremblante :

— Cette révélation avait donc, en ce qui me concernait, quelque chose de grave?

— Dites quelque chose d'horrible.

— Mais enfin parlez, expliquez-vous!

Le vicomte, qui jusque-là s'était tenu à distance, s'approcha lentement de mademoiselle de Lenoncourt et reprit avec un accent qui la bouleversa dans les plus intimes profondeurs de son âme :

— François Du Boulay vous aime, il n'est pas coupable! son infortune provient de ce qu'il a voulu vous arracher à une trame infernale. Il souffre pour vous : est-ce l'heure de le trahir?

— En attendant, vous n'expliquez rien, vous n'entrez dans aucun détail; je ne puis me décider à rompre sur des assertions aussi vagues.

— Voyons, mademoiselle, examinez-moi, dit le vicomte, étudiez mon regard : vous semble-t-il manquer de loyauté? croyez-vous être en face d'un imposteur ou d'un traître?

— Non sans doute; mais....

— Oh! ne cherchez pas à vous en imposer à vous-même! une voix intérieure vous crie que François mourra, si ce fatal hymen a lieu. Vous devinez qu'il n'a pu, sans une raison terrible, se livrer à la démarche qui a causé sa perte. Je vous en conjure, n'insistez pas pour obtenir des explications. Il est de ces mystères de honte, dont la seule pensée fait rougir, et dont le voile ne pourrait être soulevé devant une jeune fille, même par sa mère.

— Vous m'effrayez, monsieur.

— Je ne réussirai jamais à vous inspirer assez de terreur.

— On vient, dit Sidonia, prêtant l'oreille et

se dirigeant du côté de l'antichambre qui, de son appartement, communiquait à celui de sa marraine.

— Au nom du ciel, jurez-moi que vous allez rompre! s'écria le vicomte, joignant les mains avec angoisse.

Mais la jeune fille ne l'écoutait plus.

Un bruit de pas retentissait effectivement dans le voisinage; on frappa deux coups discrets à la porte.

— Entrez! dit Sidonia.

M. de Villeroi parut.

Il ne fit d'abord aucune attention à Morcerf, le prenant sans doute pour un domestique, et dit à mademoiselle de Lenoncourt, en s'inclinant avec beaucoup de grâce :

— On m'envoie demander à notre jolie mariée si enfin sa toilette lui permet de monter en carrosse.

— Oui, cher oncle, répondit Sidonia, qui se plaisait à le nommer ainsi par anticipation ; mais, avant tout, daignez prendre part à un entretien, pour lequel votre présence me sera d'un grand secours. Connaissez-vous monsieur ?

Elle désigna Morcerf qui s'approchait de Villeroi et lui tendait la main.

— Vous ici, cher vicomte, sous ce costume... que veut dire...

— C'est la providence qui vous amène, monsieur le duc. Deux mots, je vous prie, deux mots seulement, dit Morcerf, qui l'entraîna du côté de la fenêtre.

— Parlez, mon cher, murmura Villeroi ; je vous écoute.

— Si je suis bien instruit, continua le vicomte à voix basse, afin que Sidonia ne pût l'entendre, vous n'avez pas négocié vous-même le mariage qui se prépare.

— Non, c'est monsieur de Louvois.

— Et vous y donnez votre assentiment?...

— Mais, vicomte, où tend cet interrogatoire?

— A vous demander ceci, monseigneur : pensez-vous que le ministre protége si chaudement votre neveu, sans des raisons secrètes, sans qu'un intérêt caché le dirige dans cette affaire?

Tout en parlant, Morcerf jetait les yeux du côté de Sidonia.

Villeroi tressaillit.

Ce peu de mots venaient de lui donner brusquement l'intelligence de la situation.

— Prenez garde, vicomte, balbutia-t-il, c'est trop abominable pour être possible. Il faudrait alors qu'il y eût pacte entre eux.

— Oui, monseigneur, pacte tacite, et parfaitement compris de l'un comme de l'autre.

— Vous avez des preuves de cela, vicomte?

— J'ai des preuves. Il m'était impossible de rien expliquer devant cette jeune fille; mais à vous je puis tout dire. Les lois les plus sacrées de la délicatesse et de l'honneur vous ordonnent de retarder le mariage d'abord, afin de m'entendre, et de le rompre ensuite, quand vous m'aurez entendu.

M. de Villeroi, séduit par les grâces de mademoiselle de Lenoncourt et ne se rendant pas compte de ses impressions, avait pu céder à un sophisme, dont les apparences captieuses lui mettaient le cœur et l'esprit en repos; mais devant la certitude d'une infamie, comme celle qu'on lui laissait entrevoir, tout ce qu'il y avait de loyal et de généreux dans sa noble nature se révolta complètement.

— Bonté divine! vous changez de visage, cher oncle? dit Sidonia, qui venait de s'approcher.

— Ne me donnez plus ce nom, pauvre enfant! répondit le duc avec douleur.

— Eh! pourquoi, mon Dieu?

— Vous le saurez plus tard. Quittez ce voile, jetez ces parures, et renoncez jusqu'à nouvel ordre à un mariage, derrière lequel il y a des machinations et des ignominies que je veux connaître.

La jeune fille sentit ses genoux se dérober sous elle et tomba, presque évanouie, sur un siège.

— J'ai juré de vous défendre, Sidonia; vous avez mis votre bonheur sous ma sauvegarde, ajouta Villeroi, dont la paupière était humide : promettez-moi donc sollennellement, ici-même, au nom de l'affection que je vous ai vouée, de n'écouter ni prières, ni supplications, ni instances, et d'attendre mon retour, pour savoir si vous pouvez ou non marcher à l'autel.

— Je vous le promets, murmura-t-elle frémissante.

— Bien, dit Villeroi, qui porta respectueusement la main de la jeune fille à ses lèvres. Sortons, ajouta-t-il en prenant le bras de Morcerf.

Une fois hors de la chambre, le duc dit au vicomte :

— Nous pourrions ici être espionnés ou entendus, allons chez moi.

— Vous avez raison, duc, répondit Morcerf.

Ils quittèrent l'hôtel de Soissons.

Mais Rosine, curieuse comme toutes les soubrettes, et fort intriguée de l'apparition d'un inconnu dans un moment semblable, avait prêté l'oreille d'un cabinet voisin.

Comme on le devine, elle se hâta d'aller reporter à la princesse et à Olympe ce qui venait de se passer dans la chambre de Sidonia.

M. le marquis de Courcelles voulut pénétrer chez sa fiancée ; il trouva porte close et regagna le salon d'un air fort piteux.

— Venez, lui dit madame de Carignan, nous allons ensemble trouver Louvois.

Bientôt un carrosse partit au galop et les emporta hors de l'hôtel.

Pendant qu'ils donnaient avis au ministre de l'obstacle inattendu qui arrêtait le mariage, le duc rentrait chez lui, accompagné de Morcerf.

Ils s'enfermèrent.

Bientôt les révélations du vicomte ne laissèrent plus aucun doute dans l'esprit de Villeroi.

Seulement, par une de ces intuitions

étranges, qui viennent on ne sait d'où, et font deviner, sans cause apparente, les pensées les plus intimes de l'homme en face duquel on se trouve, Morcerf, dès le début de cet entretien, comprit que le duc aimait Sidonia.

Donc, il n'eut garde de trahir le secret de François.

Il passa la scène du bouge sous silence, se bornant à rapporter les conversations qu'il avait eues lui-même avec Courcelles.

Puis il ajouta :

— J'étais indigné, monseigneur. Sans connaître mademoiselle de Lenoncourt, et sachant que le mariage devait avoir lieu aujourd'hui, j'ai voulu arriver jusqu'à elle ; mais, vous devez le comprendre, je ne pouvais entrer dans tous ces ignobles détails qui eussent alarmé sa pudeur. Votre présence a sauvé cette jeune fille.

— Et j'en remercie Dieu bien sincèrement, dit le duc.

— Vous avez sur elle, reprit Morcerf, l'autorité que vous donne une affection noble, généreuse, honnête, et dégagée des sales intrigues dont la passion du ministre s'entoure.

— Que voulez-vous dire? demanda Villeroi, très-ému : je ne saisis pas très-bien votre pensée, cher vicomte.

— Je veux dire, monseigneur, que, tout en aimant une femme, vous êtes incapable de la sacrifier à un homme, même avec la certitude d'aplanir de la sorte toutes les difficultés qui entravent votre amour.

— Mais, vicomte, je ne vous ai pas donné le droit de supposer...

Le duc resta court au milieu de sa phrase. Trois coups frappés en dehors venaient de l'interrompre.

Une voix cria :

— Daignez ouvrir, monseigneur : c'est un ordre de Sa Majesté !

Villeroi regarda Morcerf, et tous les deux pâlirent.

Cependant le duc quitta son fauteuil, pour aller tirer le verrou de la porte.

Son valet de chambre ouvrit aussitôt, passa la tête et dit :

— C'est un lieutenant aux mousquetaires, monseigneur ; il tient à vous remettre en main propre un message du roi.

— Qu'il entre, dit le duc.

Une seconde après, le lieutenant parut.

— Monseigneur, dit-il, en présentant au duc un pli cacheté, prenez connaissance de cette dépêche; on m'a donné l'ordre de rapporter votre réponse.

Villeroi brisa le cachet, tira de l'enveloppe un parchemin, au bas duquel était le sceau royal, et le parcourut en donnant des marques de saisissement.

— Que dirai-je au roi, monseigneur? demanda le mousquetaire.

— Assurez-le de mon obéissance...

— Vous allez partir à l'instant même?

— A l'instant même, puisqu'il le faut, répondit le duc, étouffant un soupir.

Le lieutenant salua et disparut.

— Tenez, vicomte, lisez! dit Villeroi, qui tendit le parchemin à Morcerf. J'aurais gardé un doute, que ceci achèverait de confirmer toutes vos révélations. Déjà Louvois est averti. Comment cela ? je l'ignore ; mais il frappe rapidement et à coup sûr, il ne veut pas lâcher sa proie.

Morcerf prit lecture du message, dont voici la teneur :

« Ordre à M. de Villeroi de partir pour le

Palatinat, aussitôt après la réception des présentes. Qu'il se rende d'abord dans la ville de Heidelberg, où arriveront aussitôt que lui des instructions détaillées sur la mission de confiance dont nous l'honorons en ce jour.

Signé Louis. »

— C'est juste, il faut partir, monseigneur, dit Morcerf consterné.

— Mais, s'écria le duc, vous restez, vicomte! Jurez-moi de revoir mademoiselle de Lenoncourt ; dites-lui que je persiste après vos explications. Mon Dieu! mon Dieu! il faut que cet homme soit Satan lui-même!

—Craignez-vous donc, monseigneur, qu'elle ne marche à l'autel, au mépris de la promesse qu'elle vient de vous faire ?

— Non, je ne crains pas cela, pour aujourd'hui du moins ; mais plus tard on peut la circonvenir, la tromper, me perdre peut-être à ses yeux par quelque calomnie. Répétez-lui bien qu'elle a juré d'attendre mon retour. Oh ! ce Courcelles, ce misérable ! j'avais la sottise de croire à son repentir ; j'allais jeter en pâture à ces deux démons un ange de beauté, d'innocence et de candeur.

— Vous voyez, monsieur le duc, dit Morcerf : cet amour, dont je parlais à l'instant se trahit dans chacune de vos paroles.

— Eh bien, oui, je l'aime ! s'écria Villeroi ; mais c'est une affection qu'elle partage sans se rendre compte de ce qu'elle éprouve. Mon ami, je vous ouvre mon cœur ; ne laissez pas inachevée cette œuvre de délicatesse et de dévouement que vous avez entreprise. Mais, ajouta-t-il, en se frappant le front, si je courais essayer de lui parler encore ?

— Ce serait, monseigneur, une démarche dangereuse et probablement inutile. L'ordre du roi est formel ; puis il est probable que des mesures sont prises à l'hôtel de Soissons pour vous écarter. Je dois craindre moi-même qu'une consigne sévère ne m'attende à la porte.

— Ne me dites point cela, vous allez me réduire au désespoir.

— Sans doute personne, ce matin, ne m'a reconnu ; mais si la jeune fille a prononcé mon nom ?

— Le sait-elle ? demanda Villeroi.

— Je ne pouvais garder l'incognito, dit Morcerf, ayant à l'entretenir de choses aussi graves.

— Tranquillisez-vous, vicomte ; elle n'aura nommé que moi, parce qu'elle avait besoin de répondre victorieusement aux instances qu'on n'a pas manqué de lui faire après notre sortie. Changez de costume et restez le confident de Courcelles. De cette façon, vous saurez tout ; rien ne sera plus simple que d'empêcher le succès de leurs manœuvres. Adieu, mon ami ! n'oubliez pas que vous me remplacez auprès de mademoiselle de Lenoncourt. Sauvez-la ! sauvez-là !

Le duc avait des larmes dans les yeux.

Morcerf le laissa vaquer à ses préparatifs de départ, et rentra dans le logement qu'il occupait chez le comte, son père, afin d'y reprendre ses habits d'officier et de courir ensuite à l'hôtel de Soissons.

— Pauvre François ! se dit-il, chemin faisant, et le cœur navré d'amertume, où as-tu placé ton bonheur et ta vie ? Hélas ! quelle est maintenant le plus dangereux du duc ou de

Louvois, de l'amour honnête ou de la passion criminelle? Pour toi, d'un côté comme de l'autre, l'avenir est gros d'infortunes!

XXIV

Restée seule, après avoir solennellement promis à M. de Villeroi de l'attendre pour rompre définitivement ou conclure l'hyménée, Sidonia fut saisie d'une crainte soudaine.

— Ils vont tous accourir, pensa-t-elle, et je devrai répondre par un refus. Quelle explication donnerai-je?

Elle courut fermer les portes qui, des autres pièces de l'appartement, communiquaient à son boudoir. Bien lui prit d'avoir eu cette idée; car, un instant après, Courcelles frappait à l'une de ces portes. Sidonia n'eut garde de répondre, et l'aimable futur s'en retourna désappointé.

Ce fut alors que madame de Carignan entraîna le marquis chez Louvois.

Rosine, comme tous les gens qui écoutent, avait entendu des lambeaux de conversation, qu'elle rattachait assez bien ensemble pour en faire un récit, véridique sous certains rapports, mais très-inexact sous d'autres.

Lorsque Morcerf déclina son nom, par exemple, elle n'avait pas encore gagné le lieu propice à son espionnage et, par conséquent, elle ne put ni entendre ce nom, ni le répéter à sa maîtresse. D'un autre côté, le dialogue à voix basse entre le vicomte et le duc lui échappa complétement.

Néanmoins, ce qu'elle avait pu saisir était assez grave pour jeter l'alarme dans le camp de nos intrigantes.

Elles ne virent qu'une chose, elles ne comprirent qu'un danger : l'approbation nette et formelle donnée par Villeroi au projet de rupture.

Quant à cet inconnu, d'une mise plus que suspecte et dont les discours se résumaient par un plaidoyer en faveur d'un homme retenu à la Bastille, elles s'en inquiétèrent médiocrement.

Courir chez le ministre, lui apprendre la trahison de l'oncle de Courcelles et convenir à l'instant même du plan d'une contre-mine, tout cela fut terminé en moins d'une heure.

On avait besoin du consentement de l'électeur palatin pour obtenir sur les terres de sa souveraineté le passage des troupes qu'on envoyait en Flandre. Louvois résolut de charger le duc de cette mission. Rédigeant aussitôt les lettres patentes, il les porta sans plus de retard à la signature royale, n'oubliant pas de vanter outre mesure le tact, la finesse et les talents diplomatiques de Villeroi.

Louis XIV signa

On a vu comment la dépêche était arrivée entre les mains du destinataire.

Ni le duc, ni Morcerf ne purent deviner que l'espionnage d'une femme de chambre donnait à l'ennemi le moyen de gagner la bataille. Toutes leurs suppositions, bien que très-naturelles, étaient dénuées de fondement et leur inspiraient une sécurité trompeuse.

Restait à décider mademoiselle de Lenoncourt à passer outre, en dépit de la promesse qu'elle avait faite au duc.

Courcelles et madame de Carignan ramenèrent le ministre dans leur carrosse.

Olympe n'avait pas perdu son temps : elle venait de profiter de leur courte absence pour chercher au fond d'une cassette plusieurs autographes de Villeroi.

Cette nièce de Mazarin, lorsqu'il s'agissait de vaincre un obstacle, savait parfaitement, comme feu son oncle, inventer quelque fourberie honteuse ou recourir à quelque ruse abominable. A l'arrivée de ses complices, elle ferma la cassette et leur montra un billet qu'elle venait d'écrire.

— C'est fort bien, dit Louvois; mais il faut joindre à ceci un post-scriptum.

Sous la dictée du ministre, Olympe ajouta quelques lignes, puis elle cacheta soigneusement le billet et le plaça dans son corsage.

Ils se dirigèrent tous ensemble vers le boudoir de Sidonia.

La jeune fille regardait tristement sa parure de mariée, ces fleurs, ces dentelles précieuses qu'on lui a dit d'arracher de son front, et sous lesquelles pourtant elle se trouvait si jolie !

Villeroi lui-même l'exhorte à retarder la célébration du mariage : il faut, en conséquence, qu'il ait à cet égard des motifs d'une incontestable gravité.

Sidonia se décide à lui obéir ; mais il n'en reste pas moins au fond de son âme une sorte de regret dont elle ose à peine se faire l'aveu.

Le souvenir de François, ce souvenir qu'on vient de réveiller brusquement, n'a plus d'empire sur son cœur. C'est une faible étincelle qu'un choc inattendu a fait jaillir, mais le feu ne brûle plus; la flamme est morte, et la cendre la recouvre.

Une autre pensée trouble Sidonia, une autre image passe devant elle, image éblouissante qui rayonne sans cesse à ses yeux dans la veille comme dans les songes. Si mademoiselle de Lenoncourt ne s'avoue pas qu'elle aime le duc de Villeroi, du moins elle se chagrine à l'idée que les visites de cet homme d'une distinction si rare, d'un esprit si délicat et d'un mérite si incontestable, que personne à la ville et à la cour n'ose le mettre en doute, deviendront moins fréquentes une fois l'hymen rompu. Cette douce intimité qui existe entre eux et que les liens de famille devaient accroître encore, il faudra qu'elle y renonce.

Des larmes vinrent mouiller sa paupière, et ce n'était pas, comme on le voit, le souvenir du malheureux prisonnier de la Bastille qui les faisait couler.

Amant honnête et plein de conscience, Du Boulay n'avait point réfléchi qu'il est toujours maladroit de mettre à côté de l'amour les ennuis du reproche, l'amertume de la plainte.

Il voulait sauver Sidonia ; mais Sidonia ne voyait pas le péril.

Plus expérimenté, François eût gardé le

silence; il eût agi ou fait agir à l'insu de sa maîtresse, en ayant soin de lui cacher tous les plans qu'il imaginait pour tourner l'écueil et prévenir le naufrage.

Beaucoup de jeunes filles, à l'exemple de mademoiselle de Lenoncourt, auraient ainsi passé inévitablement de la fatigue à l'indifférence et de l'indifférence à l'oubli.

D'ailleurs, la terrible habileté des deux femmes qui avaient enfin réussi à la circonvenir était capable d'étouffer un amour plus profond, et de l'étouffer dans un cœur, où le goût du monde et les instincts de coquetterie ne leur seraient pas venus en aide.

Olympe, suivie de la princesse et de M. de

Louvois, frappa doucement à la porte de Sidonia.

Chemin faisant, on avait renvoyé Courcelles, dont la présence était inutile et même dangereuse pour l'entretien qui allait avoir lieu.

— Ouvrez, chère enfant, dit madame de Soissons. Ne craignez rien ; il est impossible de vous faire violence, et votre détermination, je vous le jure, sera la nôtre.

Mademoiselle de Lenoncourt essuya ses pleurs et se décida malheureusement à ouvrir.

— Je vous croyais seule, murmura-t-elle.

— Eh! non, ma chère, dit Olympe. Votre marraine n'est pas exclue, j'imagine. Quant à M. de Louvois, j'ose croire, mignonne, que la visite d'un ministre ne peut vous désobliger.

M. de Louvois, salua.

— Je vous ai donné, mademoiselle, assez de preuves d'intérêt, dit-il d'un air patelin, pour que ma présence ne vous surprenne en aucune façon. Vous deviez vous attendre à me voir assister à votre mariage.

— Je ne me marie pas, monseigneur, dit Sidonia, d'une voix assez ferme.

— Ai-je mal entendu ? fit le ministre, jouant la surprise : je ne puis croire.....

— Oh ! ne prenez pas garde à cela, monseigneur, interrompit Olympe avec un sourire. Nous sommes femmes, et tous les gentils caprices, toutes les craintes adorables d'une fiancée, en pareil jour, nous sont connus. Chère enfant ! ajouta-t-elle, en prenant la main de Sidonia, ce petit cœur a donc un peu d'effroi ? c'est tout simple. Nous vous avons laissée pleurer à votre aise ; mais encore faut-il être raisonnable. Il y a plus d'une heure qu'on nous attend à l'église.

— Vous le voyez, madame, dit la jeune fille, j'ai détaché mon voile et ma couronne.

Toutes vos instances seront vaines, je ne sortirai pas de cette chambre.

— Mais c'est un affront, un affront terrible que vous faites à M. de Courcelles! cria la princesse.

— Dites à Sa Majesté, madame, à Sa Majesté elle-même.

— Vous avez raison, monseigneur. Hier, le roi a signé au contrat; cette malheureuse enfant s'expose à sa colère.

— Et la reine, dit Olympe, en joignant les mains d'un air consterné, la reine qui m'a promis de venir à la fin du repas de noce!

— Il y a plus, ajouta Louvois. Sachant que mademoiselle de Lenoncourt est filleule de son auguste époux, Marie-Thérèse compte lui faire un honneur, dont les princesses du sang seront jalouses.

— Cet honneur, quel est-il? demanda Sidonia.

Sa voix était frissonnante ; la curiosité se trahissait dans ses yeux par un éclair.

— La reine, mademoiselle, a promis de rester au coucher de la mariée.

— Quoi! vous en êtes sûr? balbutia la jeune fille, dont le sein battait d'orgueil.

— Très sûr. Attendez, ce n'est pas tout : de ses royales mains, elle daignera lui présenter la chemise. (1).

— Hélas! hélas! pourquoi ce mariage est-il impossible? dit Sidonia, tombant accablée sur un siége.

— Impossible, mon enfant... mais le motif? dit Olympe.

— Je l'ignore moi-même.

— Voilà qui est étrange. Avouez-le, c'est de la déraison pure.

(1) Voir pour l'authenticité de ce détail *la Vic de la marquise de Courcelles,* (Bibliothèque impériale, 1 vol in-12, page 16), ainsi que les œuvres de Walckenaer, (4° *partie, page* 154).

— Mais où est Villeroi, que fait-il, comment n'est-il pas avec nous? demanda la princesse : il pourrait du moins joindre ses représentations aux nôtres.

— Ah! miséricorde! suis-je assez étourdie? cria tout à coup madame de Soissons. J'ai là, ma chère petite, un billet que le duc vient d'envoyer pour vous. Mais vous nous faites perdre la tête.

— Un billet de M. de Villeroi, madame?... Oh! donnez, donnez vite!

Olympe tira le papier qu'elle avait glissé sous son corsage et le remit à Sidonia.

C'était le moment solennel.

Le visage de M. de Louvois se couvrit de pâleur ; madame de Carignan sentit le frisson parcourir ses veines. Olympe seule resta calme : la nièce de Mazarin ne se troublait pas pour si peu de chose et regardait attentivement la jeune fille.

Celle-ci lisait avec avidité la prétendue lettre de Villeroi.

Sidonia, lorsqu'elle eut terminé cette lecture, poussa un soupir de soulagement.

— Eh bien, mignonne, ce cher duc daigne-t-il vous instruire du motif grave qui le force à s'absenter dans un semblable moment? demanda la princesse.

— Peut-on voir? fit Olympe.

Sans attendre la réponse de Sidonia, elle lui prit le papier des mains et lut à haute voix ce qui suit :

Mademoiselle,

« Nous avons eu affaire à un imposteur, je
« viens d'en acquérir la certitude. Il s'est
« troublé devant mes questions et n'a pu four-
« nir aucune preuve. Nous sommes donc en
« droit de regarder tout cela comme des ca-
« lomnies. Cet homme agissait de la sorte,

« afin de servir les intérêts de je ne sais quel
« aventurier, mis à la Bastille, vous savez
« pourquoi, mademoiselle, et qui aurait, à ce
« que j'ai pu deviner, l'audace de prétendre à
« votre main. Donnez vite à mon neveu cette
« main charmante et coupez court à un inso-
« lent espoir.

« Duc de Villeroi. »

« P. S. — Je me serais empressé de courir
« vous transmettre verbalement cet avis ;
« mais un ordre de Sa Majesté m'oblige à par-
« tir sur le champ pour le Palatinat. Je me
« console à la pensée qu'il me sera promis, au
« retour, d'embrasser ma nièce. »

— Mais alors, chère belle, il n'y a plus d'obstacle au mariage, dit Olympe à la jeune fille.

— Non, madame, je suis prête à vous suivre répondit Sidonia.

Les carrosses attendaient.

On replaça la blanche couronne sur le front de mademoiselle de Lenoncourt, et le voile de point d'Angleterre fut rattaché à ses beaux cheveux.

Madame de Soissons lui présenta des gants parfumés.

La princesse tira d'un étui de corail un magnifique livre d'heures, relié en maroquin de

Marseille et fermé par des agrafes de pierres précieuses. Elle le remit entre les mains du ministre, en disant :

— Daignerez-vous, monseigneur, offrir le bras à ma filleule et porter son paroissien ?

— Ah ! madame, une distinction aussi flatteuse m'enchante, répondit Louvois.

On descendit.

Les voitures prirent le chemin de Notre-Dame, où le premier grand vicaire de l'archevêque appela toutes les bénédictions d'en haut sur le mariage de mademoiselle de Lenoncourt avec M. le marquis de Courcelles.

Une fois la cérémonie terminée, on revint à l'hôtel de Soissons.

Parmi ceux qui se pressaient autour de la nouvelle marquise pour lui adresser leurs compliments, elle vit approcher un homme dont la pâleur l'effraya.

Cet homme lui dit d'une voix basse et sombre :

— Vous n'avez pas reculé devant un second parjure. Soyez maudite !

Puis il reprit tout haut, en saluant avec une politesse exquise :

— Je dois être un des premiers à vous féliciter, madame, car je suis le camarade le plus intime de votre époux. Son bonheur me comble de ravissement.

— Ce cher ami! c'est vrai, dit Courcelles, qui accourut lui serrer la main. Je te croyais en Touraine. Eh! morbleu, tu arrives à propos pour être du repas de noce. Mais pardon, là-bas, il faut ma présence pour quelques ordres... A bientôt!

Sidonia, qui venait de reconnaître son visiteur du matin, fit un geste pour retenir Courcelles.

— Qu'allez-vous lui dire? murmura le vicomte de sa voix sourde et menaçante : proférez un mot, un seul, et je suis obligé de me couper la gorge avec lui. C'est à vous de réfléchir, madame, si, moins d'une heure après votre mariage, il vous convient d'être veuve.

— Eh! monsieur de Morcerf, d'où sortez-vous? dit Olympe, en approchant.

— J'arrive de Blois, divine comtesse, de Blois, où j'ai passé six semaines à faire la partie d'hombre d'une vieille tante septuagénaire, dont je suis l'unique héritier, mais qui menace de vivre son siècle.

— Vraiment? Il faut la donner à tuer, dit madame de Soissons, en éclatant de rire.

Le maître d'hôtel entra pour annoncer qu'on était servi.

M. de Louvois accourut offrir de nouveau son bras à la mariée.

— Oh! se dit le vicomte, en serrant les poings avec rage, ni Courcelles, ni le ministre ne posséderont cette femme, je le jure par tout ce qu'il y a de plus sacré dans le ciel et sur la terre!

Il eut soin de se placer à table aux côtés du marquis, juste en face de Sidonia, qu'il pétrifiait de son regard, et dont l'âme était saisie d'une indicible épouvante.

Cet homme est bien le vicomte de Morcerf;

il n'a pas menti : pourquoi donc Villeroi dans sa lettre ose-t-il le traiter d'imposteur? Chacun lui témoigne de l'estime, on l'accueille avec considération, le ministre lui-même lui adresse la parole; Courcelles l'a fait asseoir entre lui et la princesse, tout près du siége d'honneur laissé vide à droite de madame de Carignan, et que la reine doit venir occuper au dessert. La nouvelle démarche de cet homme ne prouve-t-elle pas qu'il est fort de sa conscience?

Mais comment peut-il être à la fois l'ami de son époux et l'ami de Du Boulay?

Au milieu des réflexions contradictoires qui se pressaient dans son esprit, Sidonia fut tout à coup frappée d'une idée terrible.

Elle ne connaît pas l'écriture de Villeroi. Si on lui avait remis un faux message?

— Madame, dit-elle à Olympe, assise de l'autre côté du siége de la reine, soyez donc assez aimable pour montrer à M. de Courcelles le billet que son oncle a bien voulu m'écrire ce matin. Si je ne me trompe, il ne l'a pas lu.

— Eh! chère enfant, répondit la comtesse avec indifférence, je ne sais plus où est ce chiffon. De quoi vous occupez-vous là, bon Dieu? Songez à votre voisin, de grâce!... Monseigneur vous offre une aile de faisan.

Le coup d'œil que Sidonia et Morcerf échangèrent alors remplaça pour eux l'explication la plus longue et la plus détaillée.

— Vous le voyez, hélas! ils m'ont présenté une fausse lettre, et j'ai cru obéir aux intentions de M. de Villeroi, disait la pauvre enfant dans ce regard.

— Bon! fit le marié, se penchant à l'oreille du vicomte : elle se doute à présent du tour. Il est trop tard, poulette, vous êtes prise.

— Qu'entends-tu par ces paroles? demanda Morcerf, qui serrait son couteau dans sa main crispée et se tenait à quatre pour ne pas le planter dans la gorge du misérable.

— Chut!... Tout à l'heure nous nous esquiverons, je te raconterai l'histoire.

— Oh! je la devine, ton histoire. Mais j'ai à te parler moi-même, à te parler sérieusement. Arrange-toi pour que nous soyons seuls quelque part, en sortant de table.

— Je te le promets, vicomte.

— C'est bien. Maintenant, silence! on nous observe.

Le repas fut d'une tristesse à laquelle rien ne put faire diversion, pas même l'arrivée de Marie-Thérèse qui, fidèle à sa parole, vint au dessert prendre place sur le siége qu'on lui avait réservé.

M. de Louvois épuisa vainement toutes les ressources de la galanterie pour obtenir de sa belle voisine un mot aimable ou un sourire.

On se leva de table et l'on fit, avant le bal, une promenade dans les jardins.

— Est-ce que tout ce décorum ne te semble pas mortellement ennuyeux? dit le vicomte à Courcelles.

— Ne m'en parle pas, je suis abruti. C'est à peine si j'osais boire.

— As-tu soif?

— Une soif d'enfer.

— Le cabaret de la rue de l'Arbre-Sec n'est pas loin d'ici.

— J'y songeais, — d'autant plus que le bourgogne y est excellent.

— Nous pouvons disparaître une demi-heure et causer de ton mariage tout à notre aise. Tu ne seras pas assez fou, j'imagine, pour obéir à Louvois et t'en aller en Flandre?

— Si fait, je pars demain ; le ministre a ma parole.

— Imbécile! dit Morcerf.

— Alors, tu me conseilles…

— Paix! le lieu n'est pas propice à une conversation de cette nature. En ce moment, personne n'a les yeux sur nous : éclipse-toi et va m'attendre.

Courcelles fit un demi-tour derrière une charmille ; puis, se glissant sous les avenues les plus ombreuses, il disparut bientôt par la porte des jardins.

— Où donc est ce cher marquis ? demanda Morcerf, au bout de cinq minutes, en abordant ceux qu'il rencontrait : je le cherche en vain depuis une heure. Déjà l'archet résonne dans les salons. Ne doit-il pas ouvrir le bal avec la reine?

Courant ensuite à d'autres, il leur adressait des phrases analogues.

Tout le monde se mit à la recherche de Courcelles.

D'un bout à l'autre de la maison et sous chaque avenue du jardin, ces mots se faisaient entendre :

— Avez-vous vu le marié? c'est incroyable, on ne disparaît pas de la sorte.

Bientôt on eut la certitude qu'il n'était nulle part.

— Ah! cria tout à coup Morcerf, quelle idée!... Mais non, c'est impossible. Un jour comme celui-ci, l'action serait sans excuse.

— Devinez-vous où il est, vicomte? lui demanda-t-on.

— Peut-être ; il faut que je m'en assure.

Et, s'approchant d'Olympe, Morcerf lui dit à voix basse :

— Vous avez donné là, comtesse, un triste époux à mademoiselle de Lenoncourt.

— Bah! fit-elle en riant, je ne vois pas de nécessité qu'elle l'adore. Où croyez-vous qu'il soit allé?

— Où il passe ordinairement sa vie, madame.

— Au cabaret. Mon Dieu qu'il y reste! Nous dirons qu'il est indisposé, voilà tout.

— Mais s'il revient ivre?

— Je n'osais pas l'espérer, vicomte. Le ciel vous entende!

Et madame de Soissons lui pressa la main d'un air significatif.

— O foyer d'intrigue et d'ignominie! pensa Morcerf, gagnant le rendez-vous où l'attendait le mari de Sidonia : maintenant ces femmes ne prendront même plus soin de cacher leurs infâmes manœuvres. Ah ! mes plans sont d'accord avec les vôtres ?... J'en suis ravi, madame la comtesse.

Il trouva Courcelles en train de se venger de la tempérance, dont il avait cru devoir donner la preuve au repas de noce.

A dix heures du soir, ils quittèrent seulement le cabaret de la rue de l'Arbre-Sec.

On avait, pendant ce temps-là, dansé à l'hôtel de Soissons.

La solennité du coucher de la mariée vint ensuite, et Marie-Thérèse présenta la chemise sur un plat de vermeil à la fille de Joachim de Lenoncourt.

Tout à coup, dans un salon voisin, le bruit d'une discussion violente se fit entendre.

— Qu'est-ce donc? demanda la reine, prêtant l'oreille.

— Oh! ce n'est rien, madame, répondit Olympe.

— Si vraiment, on blasphème ; j'entends des mots grossiers.

— Miséricorde! dit Sidonia, je reconnais la voix du marquis.

-- N'est-ce pas le ministre qu'il interpelle de la sorte? ajouta Marie-Thérèse.

Madame de Carignan devint pâle; mais Olympe se hâta de répondre à cette nouvelle question de la reine :

— En effet, madame. Il serait au désespoir que Votre Majesté fût témoin d'une scène inconvenante.

— Le marquis n'est donc pas malade? Mais c'est affeux ce qu'il ose dire... Entendez-vous?

Cependant Sidonia venait de se précipiter hors de son lit et de passer rapidement une robe de chambre.

— Madame, au nom du ciel, ayez pitié de moi! s'écria-t-elle, en tombant aux genoux de Marie-Thérèse. Je ne voulais accuser personne. On m'avait fait espérer que cet homme ne viendrait pas ; mais je l'entends, madame... il va pénétrer ici... Ordonnez, je vous en conjure, que je sois reconduite chez les filles d'honneur !

— C'est impossible, mon enfant ; vous êtes sous le lien conjugal, et je ne puis vous en délivrer.

— Mon Dieu! mon Dieu! c'est horrible!... On a eu recours à une ruse indigne pour m'entraîner à l'autel. Il ne sera jamais mon mari... je ne veux pas le voir... Sauvez-moi, madame, sauvez-moi !

Comme elle achevait ces mots, la porte s'ouvrit.

M. de Courcelles parut sur le seuil. Il était hideux d'ivresse et de colère.

Tout en l'excitant à boire, Morcerf venait de le sermonner trois grandes heures au sujet de son pacte honteux avec Louvois.

Le vicomte avait fini par lui faire comprendre que rien, après le mariage, ne le forçait à exécuter des causes dégradantes. Courcelles avoua qu'il jouait un rôle de dupe. A quoi peuvent, en effet, lui servir une fortune de six millions et une jolie femme, s'il va sottement dans les Flandres se faire trouer le pourpoint par une balle espagnole?

Morcerf, l'ayant une fois décidé à rompre en visière au ministre, arrosa cette résolution d'une quantité de liquide suffisante pour la changer en idée fixe.

Devant le plus grand nombre des personnes invitées à la noce et qui dansaient encore après le départ de Sidonia, le marquis fit à Louvois une scène affreuse, jura comme un païen et lui interdit de la façon la plus expresse d'adresser jamais la parole à madame de Courcelles.

Après avoir causé dans le salon cet abominable scandale, il se dirigea trébuchant vers la chambre de Sidonia.

Marie-Thérèse, en l'apercevant, ne put réprimer en geste de profond dégoût.

— Ce que je vois, dit-elle, et ce que je viens d'entendre me paraît le comble de l'indignité. Je ne resterai pas une minute de plus dans cette maison. Qu'on m'éclaire jusqu'à mon carrosse !

Elle sortit à l'instant même, sans égard aux cris désespérés de Sidonia, qui voulait la retenir.

— Eh ! mignonne, pourquoi vous désoler ainsi ? balbutia Courcelles. Diable ! diable ! il faut nous occuper de sécher ces beaux yeux : l'amour n'aime pas les pleurs.

Il essaya de lui prendre la taille.

Mais elle jeta un cri terrible, le repoussa

violemment et se précipita hors de la chambre, du côté du salon.

Le marquis ne put la suivre assez vite.

Elle arriva la première, pâle, échevelée, hors d'elle-même.

— Au secours ! cria-t-elle, au secours ! y a-t-il ici des hommes de cœur ? eh bien, qu'ils jettent par la fenêtre ce lansquenet ivre, qui ose pénétrer chez moi !

Elle tomba sur un fauteuil, privée de connaissance.

On se hâta d'entraîner l'ivrogne.

Lorsque Sidonia revint à elle, Morcerf s'approcha et lui dit à voix basse :

— Pauvre femme! Vous n'avez pas voulu me croire. Là-bas, sous les murs de la Bastille, au fond des cachots, est le seul homme qui vous aimait. Vous ne pouvez plus être à lui, madame. Le châtiment commence : il sera terrible!

XXV

Environ quinze jours après les événements que nous venons de raconter, le son des trompes de chasse faisait retentir les échos de la forêt de Saint-Germain.

Le roi lui-même, avec une troupe brillante de gentilshommes, venait de suivre les meutes ardentes et de franchir au galop fossés et taillis.

Mais tout à coup il s'arrêta brusquement au milieu d'une avenue et dit, après avoir écouté la voix des chiens :

— Continuez, messieurs. Je retourne avec M. de Louvois du côté des carrosses.

Faisant opérer une demi-volte à son cheval couvert d'écume, il prit une avenue à gauche.

— C'est un jeune cerf, dit-il au ministre qui l'accompagnait : il ne tient pas les abois, et je trouve inutile de me fatiguer davantage.

— Quel ennui, sire! Vous aviez promis à madame de Montespan de lui faire voir la curée aux flambeaux.

— Ah! que voulez-vous, c'est la faute du grand-veneur; il devait mieux choisir sa bête. Faites-lui dire que, pour la chasse d'après demain, je veux un cerf dix cors. S'il n'y en a plus ici, qu'il aille en chercher un dans notre parc de Saint-Cloud.

— Sire, vos ordres lui seront transmis.

— A propos, monsieur, dit Louis XIV, quelles sont, je vous prie, toutes ces histoires de l'hôtel de Soissons?

M. de Louvois jeta sur le maître un coup

d'œil inquiet; mais il se rassura bientôt, en remarquant dans la physionomie royale plus d'embarras que de colère.

— J'ai grand peur, continua le prince, que ce Courcelles ne soit un autre Montespan. Vous m'avez, je le vois, conseillé une chose, dont vous connaissiez par expérience tous les avantages. Prenez garde, monsieur! j'ai beaucoup de raisons pour être indulgent; mais un excès de scandale m'obligerait à mettre ordre à tout cela. Le clergé se plaint, la religion et les bonnes mœurs sont outragées. Moi-même, hélas! je donne un triste exemple!

— Je vous promets, sire, qu'il y aura mystère et bienséance, du moins en ce qui me concerne.

— Tant mieux. La reine a été fort chagrine d'avoir assisté à cette noce; elle dit à qui veut l'entendre que l'hôtel de Soissons est un lieu de perdition et de débauche. Nous ferons bien peut-être d'enlever à Olympe l'emploi de surintendante.

— Oui, dit Louvois, rien ne s'y oppose. Mademoiselle de Mortemart est aujourd'hui mariée, libre de ses actions; en quoi la comtesse peut-elle être utile à Votre Majesté?

— Vous professez là très-agréablement, monsieur, les doctrines de l'ingratitude.

— Eh! sire, madame de Soissons n'a eu qu'un mobile d'ambition personnelle. Vous avez autorisé sa belle-mère à prélever cinquante mille livres par an sur les gabelles du Poitou, n'est ce pas une jolie récompense? Il est, d'ailleurs, assez juste de donner satisfaction à la reine.

— Je croyais, dit le roi, que vous seriez moins traitable sur ce chapitre.

— Mon Dieu, sire, je suis comme vous, je n'aime pas le scandale.

— Fort bien.

— La jeune marquise de Courcelles n'est plus sous la dépendance de ces deux femmes, ajouta Louvois; elle habite l'ancien hôtel de

Lenoncourt, de l'autre côte de l'île Saint-Louis, presque au bout du monde.

— Mais pas assez loin, toutefois, monsieur, pour être privée de l'honneur de vos visites.

— Hélas! fit le ministre d'un air piteux, elle a constamment refusé de me recevoir.

— Pourtant, Courcelles est en Flandre.

— Oui, sire.

— La chronique annonce que ma filleule s'est insurgée contre les lois du mariage, non-seulement le soir de ses noces, mais encore les jours suivants.

— Rien n'est plus exact, dit Louvois ; c'est toute ma consolation.

Louis XIV, grave et morose jusque-là, partit d'un éclat de rire.

— Vous êtes ambitieux? dit-il au ministre. Enfin n'importe, l'essentiel est de ne pas donner prise à la médisance et de jeter un voile honnête sur les actes qui sont de nature à blesser la pudeur publique.

— Je suis entièrement de l'avis de Votre Majesté.

— Ah ! monsieur, vous et moi, nous sommes de grands coupables, murmura le monarque, en reprenant son air sérieux. Puisse le ciel nous pardonner un jour!

— Bah! Dieu ne peut manquer d'y regarder à deux fois, avant de vous damner, sire.

— Croyez-vous, monsieur?

— J'en suis certain. Quant à mes fautes personnelles, je compte les expier un jour par une rigoureuse pénitence, ajouta le ministre d'un air contrit.

— Vous ferez bien, dit le roi.

On approchait des voitures.

Louis XIV courut à celle où trônait sur de moelleux coussins notre ancienne connaissance, Athénaïs de Mortemart. Il l'avait mariée au marquis de Montespan le surlendemain des noces de Sidonia.

— Je suis désolé, chère marquise, dit le roi ; mais nous avons affaire à une méchante bête : vous n'entendrez pas l'hallali.

— Oh ! je me moque de cela, répondit Athénaïs avec un accent très-marqué d'impertinence. Ne pouviez-vous rester dans les équipages, au lieu de galoper à la suite des chiens comme le dernier de vos piqueurs? Vous êtes cause que je viens d'avoir une scène affreuse de monsieur mon mari.

— Quoi ! murmura Louis XIV, il a eu l'audace...

— Parfaitement! vous n'étiez pas là. J'ai fait mine de m'évanouir. Aussi pourquoi n'a-t-on pas encore donné à Montespan les cinquante mille écus, indispensables, dit-il, aux réparations du château de ses ancêtres? Il retournerait sur les bords de la Garonne, et je n'en entendrais plus parler.

— C'est juste, fit le roi rêveur. A-t-il tenu des discours qu'on ait pu entendre des autres carrosses?

— Eh! oui, dit Athénaïs : il criait comme un aigle.

— Le misérable!

— « Voyez, disait-il, c'est ma femme. Elle

est dans une voiture du roi, je suis déshonoré ! » Puis il ajoutait : « Ce matin, au départ de la chasse, l'abbé d'Effiat m'a fait affront devant plus de trente personnes. Je me bats avec lui tout à l'heure au carrefour du Pecq. »

— Un duel, s'écria le roi, un duel dont toute la cour parlera demain ! Je ne le souffrirai pas, et je vais donner des ordres...

— Non vraiment, vous n'en ferez rien, sire.

— Pourquoi cela, marquise ?

— Parce que je vous prie de monter à côté de moi dans le carrosse. Tant pis pour Montespan s'il reçoit quelque bonne blessure, je voudrais seulement que ce fût à la langue !

Elle se mit à rire, et le roi, charmé de ce retour de belle humeur, prit place à côté de sa maîtresse.

Il ne parla plus d'empêcher le duel.

FIN DU TROISIÈME VOLUME.

Coulommiers. — Imprimerie de A. MOUSSIN.

www.ingramcontent.com/pod-product-compliance
Lightning Source LLC
Chambersburg PA
CBHW060353170426
43199CB00013B/1858